Tobias Boehm

Weiterentwicklung einer 2D-Game-Engine für rundenbas

Plattform - Google Android

I0014019

Tobias Boehm

Weiterentwicklung einer 2D-Game-Engine für rundenbasierte Strategiespiele

Plattform - Google Android

GRIN Verlag

Bibliografische Information der Deutschen Nationalbibliothek: Die Deutsche Bibliothek
verzeichnet diese Publikation in der Deutschen Nationalbibliografie; detaillierte bibliografische Daten sind im Internet über http://dnb.d-nb.de/ abrufbar.

1. Auflage 2011
Copyright © 2011 GRIN Verlag GmbH
http://www.grin.com
Druck und Bindung: Books on Demand GmbH, Norderstedt Germany
ISBN 978-3-656-18091-3

Fachbereich 4

Internationaler Studiengang Medieninformatik

SS 2011

Hochschule für Technik
und Wirtschaft Berlin

University of Applied Sciences

Weiterentwicklung einer 2D-Game-Engine für rundenbasierte Strategiespiele

Plattform: Google Android

Wissenschaftliche Hausarbeit zur Erlangung des akademischen Grades

Bachelor of Science in Medieninformatik

vorgelegt von

Tobias Boehm

Abgabetermin: 26.07.2011

Inhaltsverzeichnis

Abbildungsverzeichnis

Abkürzungsverzeichnis

TBS(G) – Turn Based Strategy (Game)

Konzept für das Umsetzen rundenbasierter Strategiespiele

RTS(G) – Real Time Strategy (Game)

Konzept für das Umsetzen von Echtzeitstrategiespielen

LGPL – Lesser General Public License

Open Source Lizenz angelehnt an die General Public License, welche die
kommerzielle Nutzung des Codes unter bestimmten Voraussetzungen erlaubt.

XP – Extreme Programming

Vorgehensmodell zur agilen Softwareentwicklung

WLAN – Wireless Local Area Network

Drahtloses lokales Netzwerk

IP – Internet Protocol

Protokoll zur Kommunikation zwischen Rechnern in lokalen (LAN) aber auch
weltweiten Netzwerken wie dem Internet

KI – Künstliche Intelligenz

XML – Extensible Markup Language

Auszeichnungssprache für die Speicherung hierarchisch strukturierter Daten

TMX – Tiled Map XML

XML-Format für das Speichern von Tiled Maps

DLC – Download Content:

Zusätzliche Inhalte, die man separat erwerben kann.

SDK – Software Development Kit

HUD – Head-up-Display

PGP – Pretty Good Privacy

Glossar

Tile – Eine Texturkachel, die durch ihre Mehrfachverwendung Speicher spart.

TMX Tiled Map – Eine Karte bestehend aus Tiles (http://www.mapeditor.org)

God View – Eine Sicht auf eine Spielwelt, die auf einen Blick alle Informationen präsentiert.

Kriegsnebel – Ein halbtransparent Gebiete verschleiernder Nebel, der statische Kartenelemente erkennen lässt (erkundete Regionen), dynamische Veränderungen (Bewegung von Einheiten) aber verschleiert.

Tick – Ein Tick ist ein Wechsel von einem Spieler zum nächsten Spieler in einer Spielrunde.

1. Einleitung

1.1 Allgemeine Motivation

Smartphones werden ein immer wichtigeres Werk- und Spielzeug in unserer modernen Welt. Schon 2010 war jedes dritte in Europa verkaufte Mobiltelefon ein Smartphone[1]. Von den Smartphonebesitzern in den USA und Europa nutzen knapp 50% bereits das mobile Internet[2]. Neben typischen Büroanwendungen (Kalender, Mail etc.) sind vor allem Spiele sehr gefragt. Ungefähr 25% ihrer Zeit verbringen Smartphonebesitzer mit Spielen[3]. Es gibt bereits eine Unmenge an kurzweiligen Casual Games, doch an etwas komplexeren Strategie- und Denkspielen herrscht noch großer Mangel. Genau an dem Punkt möchte ich ansetzen und ein Framework schaffen, um den meiner Meinung nach sehr vielversprechenden Genretyp Turn-Based Strategy Games (TBSG) zu fördern und selbst in Zukunft mit weniger Aufwand TBS-Spiele produzieren zu können.

1.2 Rundenbasierte Strategiespiele

Bei einem TBS-Spiel befinden sich zwei oder mehr Spieler auf einer Spielkarte und versuchen sich gegenseitig durch die Ausweitung ihres eigenen Einflussbereiches militärisch oder wirtschaftlich zu bezwingen. TBS-Spiele laufen immer nach dem gleichen Muster ab. Spieler verabreden sich in der realen oder virtuellen Welt und entscheiden, was für eine Karte gewählt wird, wer welche Fraktion vertritt und mit welchen optionalen Regeln (Match Settings) gespielt werden soll. Eine Spielsession (*Match*) ist in Runden (*Rounds*) unterteilt, in der jeder Spieler einmal an der Reihe ist (*Turn*). Ist ein Spieler an der Reihe, so kann er so viele Züge (*Steps*) spielen, wie ihm das Spielkonzept erlaubt. Alle Spielschritte sind von der Realzeit

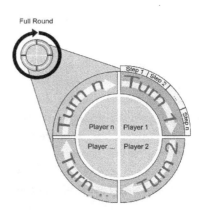

Abbildung 1: Aufbau einer Runde

1   comScore 2010 Digital Review p. 20
2   comScore 2010 Mobile Year in Review p. 5
3   comScore 2010 Mobile Year in Review p. 22

unabhängig. Es kann sein, dass ein Spieler für einen Zug mehrere Stunden benötigt. Es ist aber auch möglich, dass eine ganze Spielrunde desselben Matches nur wenige Minuten dauert. Die Unabhängigkeit von der Realzeit erlaubt es, ein Match in Etappen zu spielen, unabhängig von Zeit und Aufenthaltsort der Mitspieler. Der Spieler, der als nächster an der Reihe ist, muss allerdings darauf warten, dass der aktuelle Spieler seinen Turn beendet. Es ist aber egal wo sich beide Spieler aufhalten, solange ein Weg zur Übermittlung des letzten Turns gefunden wird. Dieser Datenaustausch kann asynchron ablaufen und zum Beispiel im Fall des TBS-Spiels Schach auch sogar per Brief stattfinden. Wichtig ist allerdings, dass dem folgenden Spieler der komplette letzte Spielstand übermittelt wird.

Smartphones haben den großen Vorteil, dass man sie überall hin mitnehmen kann. Selbst an den abgelegensten Orten kann man seinen Kalender prüfen, Mails schreiben und Spiele spielen, doch leider gibt es noch immer Lücken bei der Funknetzabdeckung und auch in Großstädten kann es häufiger zu Störungen der Internetverbindung kommen. Kurzum: Auf eine unterbrechungsfreie Internetverbindung ist kein Verlass, weshalb Echtzeit-Multiplayerspiele wie man sie von Konsolen oder dem PC her kennt, nicht trivial umsetzbar sind. TBS-Spiele hingegen können asynchron gespielt werden und haben kein Problem mit Verbindungsabbrüchen. Weiterhin verlangen sie auch nicht, dass sich alle Spieler zur gleichen Zeit mit dem Spiel beschäftigen. Das ist ein deutlicher Vorteil gegenüber in Echtzeit ablaufenden Multiplayerspielen, wenn man bedenkt, dass Spiele auf mobilen Geräten in erster Linie zum Überbrücken von Wartezeit genutzt werden, die für jeden Spieler zu anderen Zeitpunkten und in unterschiedlicher Länge anfallen.

Im Folgenden ein Beispiel für die Umsetzung des Spielflusses:

Beendet der aktuelle Spieler seinen Zug, wird dieser bei der nächsten Gelegenheit auf dem Server abgelegt. Da alle anderen Mitspieler auf den Spielzug des aktuellen Spielers warten müssen, ist es unwichtig ob der Spielzug sofort oder erst in ein paar Stunden übertragen wird. Nach dem Upload auf den Server, kann zusätzlich noch eine Plausibilitätsprüfung durchgeführt werden, um unerlaubte Spielzüge zu verhindern. Danach können alle anderen Mitspieler den neuen Spielzug asynchron vom Server herunterladen, für sie relevante (weil vielleicht in ihrem Sichtfeld liegende) Aktionen betrachten und dann ihren eigenen Zug beginnen oder auf den nächsten Zug warten.

1.3 Plattform Google Android

Im Gegensatz zu iOS und Windows Mobile 7 ist Android eine freie Plattform. Smartphonehersteller jeder Größe können Android als Betriebssystem auf ihren Endgeräten einsetzen ohne Lizenzgebühren an Google Inc. zu zahlen[4]. Das führt zu einer großen Anzahl unterschiedlicher Endgeräte[5], auf denen mit kleineren Anpassungen und der Berücksichtigung einer Handvoll unterschiedlicher Displayformate und API Levels dieselbe Software benutzt werden kann. Googles offener Umgang mit Android und die große Anzahl unterschiedlich ausgestatteter Geräte, lässt den Konkurrenzdruck steigen, was sich wiederum in günstigen Preis-Leistungs-Verhältnissen für den Kunden niederschlägt. Geräte mit annehmbarer Leistung sind bereits 2011 für rund 300€ erhältlich[6].Dadurch erhöht sich die Nutzerbasis und die Anzahl potentieller Kunden. Schon Ende 2010 wurden rund 33 Millionen Android-Geräte verkauft. Zum Vergleich: Apple hat im selben Zeitraum 16 Millionen Einheiten abgesetzt[7]. Das außerdem gerne vorgebrachte Argument der Fragmentierung der weltweit im Einsatz befindlichen Android-Versionen lässt sich leicht entkräften, wenn man aktuelle Statistiken zurate zieht. Setzt man bei der Entwicklung einer neuen Applikation die sehr stabile Android-Version 2.1 ein, so erreicht man bereits 96,4% aller Android-Nutzer im Google Market. Ich bin überzeugt, dass Google-Android in Zukunft sowohl im Smartphone- als auch im Tablet-Markt eine sehr wichtige Rolle spielen wird und es sich deshalb lohnt, ein für diese Plattform zugeschnittenes Framework zu entwerfen.

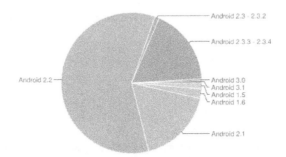

Abbildung 2: Grafik über die Android API Fragmentierung vom 05.07.2011. [8]

---

4 Android Licence http://source.android.com/source/licenses.html (22.03.2011)
5 List of Android Phones - http://www.andro-phones.com/2010-android-phones.php (31.03.2011)
6 Amazon.de Preis für „Motorla Milestone" am 31.03.2011
7 McCarthy, Canalys research 2011 p. 3
8 Grafik über Android API Fragmentierung Stand 05.07.2011.

1.4 AndEngine – Übersicht

Die 2D-Spieleengine AndEngine[9], programmiert von Nicolas Gramlich (Frühling 2010 bis heute), bietet Basiskomponenten, um das Erstellen einer möglichst breiten Palette von Spielen zu ermöglichen. Sie besitzt unter anderem ein Partikelsystem, ein System für das Laden und Abspielen von animierten Sprites, Management von Texturen, Musik- und Soundeffekten und ein System für das Laden von TMX Tiled Maps[10]. Weiterhin implementiert sie das Konzept einer Kamera, die das Spielgeschehen aus einer God View[11] einfängt, sowie ein Szenenkonzept für mehrschichtige Spielszenen, um unter anderem das für 2D-Jump-n-Runs wichtige Konzept der Bewegungsparallaxe zu implementieren und viele kleinere Werkzeuge, um die Spielentwicklung zu vereinfachen. Des weiteren existiert eine Multiplayer Erweiterung[12], auf die ich meine Multiplayer Implementierung aufsetzen werde. Die AndEngine ist mit der Lesser General Public License (LGPL) lizenziert[13] und erlaubt ausdrücklich die Verwendung für die Entwicklung kommerzieller Projekte, ohne den Quellcode des eigenen Spiels offenlegen zu müssen[14].

1.5 Das Ziel dieser Arbeit und mein weiteres Vorgehen

Das Ziel dieser Arbeit ist den Zwischenschritt von der bereits existierenden Spieleengine AndEngine hin zu einer Turn Based Strategy Game Engine (TBS-Engine) so weit wie möglich zu entwickeln. Dabei wird es wichtig sein nicht zu wenig zu konkretisieren, damit der Zwischenschritt einen Mehrwert liefert, aber auch nicht zu viel zu spezialisieren, was wiederum bei der Entwicklung abweichender Spielkonzepte hinderlich sein könnte.

Quelle: http://developer.android.com/resources/dashboard/platform-versions.html (08.07.2011)

9 AndEngine (Autor: Nicolas Gramlich) – http://www.andengine.org (22.03.2011)

10 TMX Tiled Maps: Aus Tiles bestehende Karten. - http://www.mapeditor.org/

11 God Views: Patterns in Game Design CD - /collection/Alphabetical_Patterns/GodViews.htm

12 AndEngine Multiplayer Extension - https://code.google.com/p/andenginemultiplayerextension/

13 GNU Lesser General Public License - http://www.gnu.org/licenses/lgpl.html

14 AndEngine and the LGPL - clarification! http://www.andengine.org/blog/2010/11/andengine-and-the-lgpl-clarification/ - (28.03.2011)

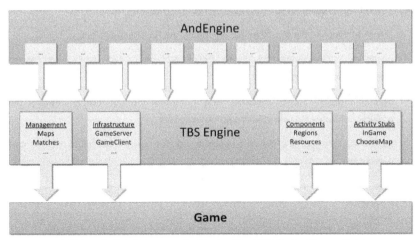

Abbildung 3: Entwicklung von AndEngine über TBS-Engine hin zum Spiel

Mein erster Schritt wird darin bestehen Spiele zu suchen, die mit der TBS-Engine umsetzbar sein sollen.

Im zweiten Schritt werde ich diese Spiele vergleichen, um möglichst viele Gemeinsamkeiten zu finden, für die es sich lohnt konkretere (aber weiterhin abstrakte) Klassen und Konzepte zu entwerfen. Unter jedes gefundene Element werde ich ein Konzept für die spätere Implementierung schreiben und die von mir gewählten Klassen- und Interfacenamen durch die Schreibweise und Schriftart `Courier und fett` kennzeichnen. Außerdem führe ich als Konvention ein, dass die Namen abstrakter Klassen, die vom Entwickler implementiert werden müssen, mit `Abs` beginnen und dass Interface-Namen mit `I` beginnen. Wenn ich auf bereits im AndEngine Framework existierende Klassen Bezug nehme, werde ich diese durch die Schreibweise und Schriftart *`Courier kursiv und fett`* markieren.

Mein dritter Schritt wird darin bestehen, die Engine und parallel dazu eine Beispielimplementierung (das von mir konzipierte Mini-Spiel *Stickmen Resurrection*) zu programmieren. Im schriftlichen Teil dieses Schritts (siehe Kapitel *3. Implementierung*) werde ich auf die von mir verwendeten Software Design-Patterns eingehen, sowie die wichtigsten Komponenten des Frameworks genauer beschreiben. Die detaillierten Beschreibungen der Methoden und Klassen finden sich als JavaDoc auf der beiliegenden CD.

Sowohl die TBS-Engine als auch die Beispielimplementierung ist LGPL lizenziert und ist auf Google Code öffentlich zugänglich.

Der Link zum Projekt lautet https://code.google.com/p/tbsengine/.

Hier nochmal stichpunktartig die Ziele, die ich mir für die Arbeit gesetzt habe:

- passende Softwareplattform für die Entwicklung des Frameworks und passende Spiele für die Analyse finden;

- Spiele vergleichen und möglichst viele Komponenten und Game Designpatterns ermitteln, die eine Basisimplementierung erlauben;

- mögliche Konzepte für die Implementierung der zuvor ermittelten Komponenten entwerfen;

- Das Framework samt einer Beispielimplementierung programmieren, in der es möglich ist ...

  - ein Multiplayerspiel im Wireless Local Area Network (WLAN) zu erstellen indem die Spieler ...

    - einen Multiplayertyp auswählen,

    - eine Karte wählen (Spielersteller) oder sich mit einem Server verbinden (beitretender Spieler),

    - das Spiel vorbereiten, die Karteneinstellungen bearbeiten, sowie Fraktionen, Teams und Spielerfarben wählen können,

      - dabei mit den anderen potentiellen Spielern chatten können.

  - Ein Multiplayerspiel beginnen, indem ...

    - jeder Spieler nacheinander an der Reihe ist (Rundenkonzept implementiert),

    - jeder Spieler mindestens eine animierte Einheit durch die Spielwelt bewegen kann.

2. Analyse

2.1 Die Wahl der zu vergleichenden Spiele

Meine Wahl fiel auf die drei Spiele Heroes of Might and Magic IV, Battle for Wesnoth und Civilization IV. Alle drei Spiele sind im Kern rundenbasierte Strategiespiele mit beachtlichem inhaltlichem Umfang und Komplexität. Sie präsentieren völlig unterschiedliche Szenarien und unterscheiden sich vor allem in ihrem Auftreten. Die zugrundeliegende Spielmechanik hingegen weist viele Parallelen auf, die es genauer zu untersuchen und je nach Menge der Übereinstimmungen in Komponenten und Konzepten zusammenzufassen gilt. Gleichzeitig gehören alle drei Spiele zu bekannten Marken oder sind in ihrem Bereich einzigartig und in der Spielerschaft allgemein bekannt. Alle drei Spiele lassen sich zudem leicht um neue Inhalte wie Karten, Kampagnen und Spielfiguren erweitern. Das ist wichtig, da Spieleentwickler für mobile Endgeräte in Zukunft ihre Spiele vor allem durch den Verkauf von Download-Content (DLC) monetarisieren werden müssen, denn das Preisniveau von Spielen im Android-Market und somit auch die Preiserwartung der Kunden liegt im niedrigen einstelligen Dollar-Bereich[15].

2.1.1 Heroes of Might and Maigc IV – Kurzbeschreibung

Heroes of Might and Magic IV ist ein von Ubisoft produziertes TBS-Spiel, das in einer stark magielastigen Fantasiewelt spielt. Gespielt wird auf orthogonalen 2D-Karten mit quadratischer Topologie. Zu Beginn eines Spiels kann jeder Spieler zwischen folgenden magischen Ausrichtungen und somit auch Fraktionen (im Spiel „Städte" genannt) wählen: Natur, Ordnung, Leben, Macht, Chaos, und Tod. Die Spieler beginnen mit einer Stadt, die es auszubauen gilt und einem Helden, der die Karte erkunden, Zauber sprechen, gegnerische Städte und sonstige auf dem Weg befindliche Einrichtungen einnehmen und somit die eigentliche Interaktion mit der Spielwelt durchführen kann. Ziel aller Spieler ist es, alle gegnerischen Städte einzunehmen und somit das Spiel zu gewinnen. Auf dem Weg dorthin bauen die Spieler ihre Städte aus, um mehr Ressourcen, bessere Verteidigung und bessere Kreaturen zu erhalten. Außerdem lassen sie ihre Helden Erfahrungspunkte sammeln, um sie in ihrem Level aufsteigen zu lassen und dadurch neue Fertigkeiten freizuschalten. Auf dem Weg zu gegnerischen Städten nehmen sie Bergwerke, Behausungen anderer Kreaturen,

---

15 Die drei erfolgreichsten Spiele im Android-Market (April 2011) liegen preislich zwischen 0,99$ und 2,99$. Distimo Publication May 2011 – p.18

Portale und weitere Orte ein. Das Spiel lebt von seiner sehr detaillierten Spielwelt, die es erlaubt für viele Stunden am Stück in diese Fantasiewelt einzutauchen. Es bietet Mehrspielermodi für HotSeat[16], LAN und Internet per GameSpy[17].

Abbildung 4: Screenshot Heroes of Might and Magic IV

2.1.2 Battle for Wesnoth – Kurzbeschreibung

Battle for Wesnoth ist ein Open Source TBS-Spiel, das in einer Fantasiewelt spielt. Gespielt wird auf orthogonalen 2D-Karten mit Hexfeld-Topologie. Die Spieler können sich wahlweise auf die Seite der Loyalisten, der Rebellen, der Nordmannen, der Untoten, der Knalgan-Allianz, oder der Draken schlagen. Trotz der großen Anzahl an Fraktionen haben es die Entwickler geschafft, sehr unterschiedliche Kreaturen-Sets für jede Fraktion zu entwickeln. Jeder Spieler beginnt mit einem Anführer und bekommt den Auftrag mit diesem die gegnerischen Anführer zu bezwingen. Um dies Ziel zu erreichen, müssen die Spieler auf den

---

16 HotSeat – zwei oder mehrere Spieler spielen vor demselben Bildschirm und wechseln sich nacheinander ab.

17 GameSpy – Ein Spielenetzwerk und eine Community http://www.gamespy.com/ (22.03.2011)

Karten verteilte Produktionsstätten wie Forts und Burgen mit ihrem Helden besetzen und weitere Kreaturen gegen Geld erschaffen. Diese lassen sie dann über die Karte wandern, um Dörfer einzunehmen, strategische Punkte wie Brücken oder Bergpässe zu sichern und versuchen so strategische Vorteile zu erlangen. Das Spiel ist mehrspielerfähig und lässt sich mit einem PC per HotSeat, im LAN und über das Internet auf einem eigens dafür eingerichteten Gameserver spielen. Besonders erwähnenswert ist der Karteneditor samt eigener Auszeichnungssprache genannt Wesnoth Markup Language (WML)[18], mit der sich Kreaturen, Karten, Kampagnen und Speicherstände beschreiben und manipulieren lassen.

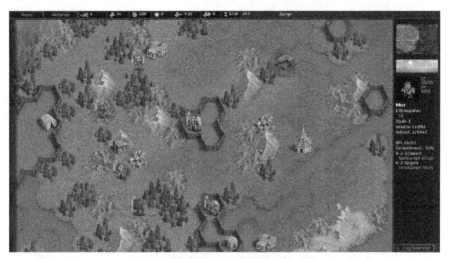

Abbildung 5: Screenshot Battle for Wesnoth

2.1.3 Civilization IV – Kurzbeschreibung

Civilization IV ist ein von Firaxis Games produziertes TBS-Spiel, in dem die Spieler die Aufgabe haben, ein Volk ihrer Wahl von der Jungsteinzeit bis in die Gegenwart und darüber hinaus zu führen. Gespielt wird auf orthogonalen 2D-Karten mit quadratischer Topologie. Das Spiel ist angereichert mit einer enormen Menge historischer Figuren und Ereignisse, die den Spielern nach und nach begegnen und ihnen das Gefühl vermitteln, die Geschichte aus Sicht des von ihnen gewählten Volkes neu zu schreiben. Ein typisches Civilization IV Match beginnt mit einem Pionier, den man an geeigneter Stelle die erste Siedlung errichten lässt. Nach und nach baut man diese Siedlung aus und gründet neue Siedlungen, um das eigene Reich auszudehnen. Ein starker Fokus liegt auf der Erforschung großer Technologiebäume

---

18 Wesnoth Markup Language – http://wiki.wesnoth.org/ReferenceWML (22.03.2011)

und damit das Erlangen neuer Fähigkeiten, einem recht umfangreichen Diplomatiesystem und dem geschickten Ausbau der eigenen Städte, passend zu den umliegenden Landstrichen. Es ist möglich das Hauptspiel zu modifizieren, denn alle relevanten Daten sind in veränderbaren Extensible Markup Language (XML)-Dateien gespeichert. Außerdem wurde ein umfangreiches Software Development Kit (SDK) veröffentlicht, mit dem sich Modifikationen erstellen lassen. Das Spiel ist mehrspielerfähig und bietet die Möglichkeit mit einem PC per HotSeat, im LAN und über das Internet (GameSpy) und per E-Mail zu spielen.

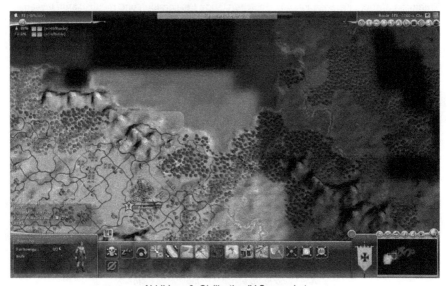

Abbildung 6: Civilization IV Screenshot

2.2 Komponentenanalyse und Konzepte

Für den Analyseschritt werde ich das Buch *Patterns in Game Design*[19] verwenden, um Gamedesign-Elemente spielunabhängig und damit vergleichbarer zu machen. Außerdem erhoffe ich mir dadurch Hilfe für die Namensfindung für abstrakte Klassen und Interfaces. Ich werde mir die Designmuster heraussuchen, die zum einen Klassen und Funktionen repräsentieren können und zum anderen, in den unter *2.1 Die Wahl der zu vergleichenden Spiele* genannten Spielen, möglichst viele Ähnlichkeiten in ihrer Umsetzung besitzen. Des weiteren werde ich Objekte, Elemente und Konzepte, die mir bei der Analyse dieser Spiele auffallen, bestimmten Musterkategorien zuordnen.

---

19 Patterns in Game Design - Staffan Bjork, Jussi Holopainen, 2005

Neben den direkt für die Spiellogik relevanten Inhalten, werde ich auch Menüs und andere nicht direkt für die Spiellogik relevante Aspekte der Spiele betrachten, und wenn möglich abstrakte Datenverarbeitungs- und Delegationsmodelle in Form von abstrakten Klassen und Interfaces formulieren.

2.2.1 Game Design Muster

2.2.1.1 Muster für Spielelemente

Game World (Levels)[20]

Die Spielwelten oder Levels werden in allen drei Spielen durch Karten repräsentiert. Die Karten wiederum setzen sich aus Schichten zusammen. Die erste Schicht besteht aus unterschiedlichen Typen von Untergrund. Die zweite Schicht besteht aus Verzierungen, die selbst nicht aktiv interagieren. Die dritte Schicht beinhaltet die eigentlichen Spielelemente[21]. Alle drei Schichten haben Einfluss auf die Begehbarkeit der Flächen, die

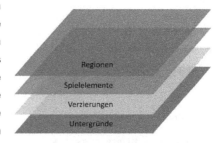

Abbildung 7: Die vier Schichten einer Karte

sie bedecken, wobei die nächsthöhere Schicht die Eigenschaften der darunterliegenden Schicht überschreiben kann. Die vierte Schicht ist unterschiedlichen Typen von Regionen vorbehalten. Diese Regionen werden entweder von Map-Designern angelegt, um zum Beispiel gescriptete Ereignisse in ihnen stattfinden zu lassen, oder sie werden durch im Gamedesign festgelegte Funktionen generiert. Ein Beispiel für letztgenannte Schichten wäre Kriegsnebel oder Regionen, die den Macht- und Einflussbereich einer Stadt anzeigen.

---

20 Levels: Patterns in Game Design – p. 60
21 Game Design Patterns for Game Elements: Patterns in Game Design – p. 55

Abbildung 8: Heroes of Might
and Magic IV
Schicht 1 (unterschiedliche
Sandarten)
Schicht 2 (Bäume und Fels),
Schicht 3 (Spielelemente wie
Helden und Artefakte)

Abbildung 9: Battle for Wesnoth
Schicht 1 (Sand und
Grünflächen)
Schicht 2 (Bäume)
Schicht 3 (Spielelemente wie
Dörfer und Einheiten)

Abbildung 10: Civilization IV
Schicht 1 (Wasser,
Graslandschaft)
Schicht 3 (Stadt,
Ressourcenquellen wie Kühe
oder Reben)
Schicht 4 (Einflussregion der
Stadt)

Konzept

Ich werde eine Klasse namens **AbsMap** implementieren. Als Map-Format werde ich das XML-Format des freien Tiled Map Editors[22] *.tmx verwenden.

Als Konvention werde ich einführen, dass jede Map mindestens fünf Ebenen besitzt. Die ersten zwei Ebenen werden die Tiled Layer *Underground* und *Decorations* sein. Sie entsprechen den Schichten eins und zwei in der vorangegangenen Beschreibung. Die darauf folgenden drei Ebenen werden die Objektgruppen, *Doodads*, *GameObjects* und *Areas* sein. Im Bezug auf die vorangegangene Beschreibung teilen sich die beiden Ebenen *Doodads* und *GameObjects* die Schicht drei. Die dritte Ebene *Doodads* soll sehr simple meist statische Objekte enthalten, die keinen Besitzer und keine aktiven Fähigkeiten haben, aber möglicherweise Animationen und Bewegungspfade besitzen und deshalb nicht mehr wie Maptiles platziert werden können. Die vierte Ebene *GameObjects* soll alle restlichen Spielelemente, wie Einheiten und Gegenstände beinhalten. Diese haben aktive und passive Fähigkeiten, gehören einem bestimmten Spieler und besitzen mehrere Animationen und Soundeffekte. Die fünfte Ebene *Areas* entspricht der Schicht vier in der vorangegangenen Beschreibung. Sie soll Regionen beinhalten, die zum Beispiel zum Auslösen von Ereignissen verwendet werden.

22 Tiled Map Editor - http://www.mapeditor.org/

Da Maps sehr komplexe Objekte sind, sollten sie so selten wie möglich geladen werden. Deshalb werde ich eine Klasse namens `AbsMapOverview` implementieren, die nur ein kleines Subset von Metainformationen einer vollständig Map beinhalten wird. Objekte dieser Klasse können zum Beispiel bei der Kartenwahl beim Erstellen einer neuen Spielrunde geladen werden.

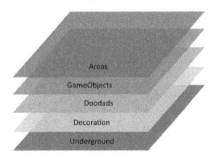

Abbildung 11: Die fünf Ebenen einer TBS-Engine Map

Player

Ein Spieler repräsentiert einen menschlichen oder computergesteuerten Mitspieler. Alle drei Spiele kennen das Konzept des Spielers.

Player Konzept

Um Spieler innerhalb der Engine zu repräsentieren, werde ich zwei Klassen implementieren. Die Basisklasse wird `BasePlayer` sein. Ein `BasePlayer` wird mindestens eine ID und optional einen Namen besitzen. `AbaAIplayer` wird eine Erweiterung der `BasePlayer`-Klasse sein und einen Ausgangspunkt bilden, um KI Spieler zu entwickeln.

Unit

Alle drei Spiele kennen Spielergegenstände in Form von mobilen Einheiten[23] und statischen Objekten, wie besondere Orte, von Spielern erschaffene Städte oder eingenommene Schlüsselpositionen. Mit ihnen kann ein Spieler mit der Spielwelt interagieren, an Macht und Einfluss gewinnen und somit seinem Spielziel näher kommen.

Unit Konzept

Einheiten sind die Summe ihrer Beschreibungen, Fähigkeiten und Attribute und gehören neben Karten zu den Spielbestandteilen, die von den Personen im Spieleentwicklerteam die keine Programmierer sind, am häufigsten geändert und erweitert werden. Deshalb habe ich mich entschieden, das Beschreiben von Einheitentypen nicht durch das Implementieren einer abstrakten Klasse zu ermöglichen, sondern sie über XML-Dateien zu laden. Ich werde ein XML-Format für das Beschreiben von Einheitentypen entwerfen, das später zum Beispiel

---

23 Units: Patterns in Game Design – p. 79

in selbst geschriebenen Editoren leicht zu bearbeiten sein wird. Innerhalb der Engine werden dann über eine Klasse namens `UnitFactory` Einheiten erzeugt, indem man `UnitFactory` mitteilt, von welchem `UnitType` die neue `Unit` sein soll und wer der Besitzer sein wird.

Unit Ability

Der Begriff Fähigkeiten[24] beschreibt in diesem Abschnitt die aktiven und passiven Fähigkeiten von `Units`. In allen drei Spielen haben `Units` die Möglichkeit sich zu bewegen, zu kämpfen, etwas zu produzieren, durch ihre Anwesenheit passiv etwas zu beeinflussen und sich weiter zu entwickeln.

Aktive Fähigkeiten werden meist durch Buttons repräsentiert, die nach dem Anwählen einer Einheit oder eines Gebäudes im Benutzerinterface sichtbar werden. Die andere parallel in diesen Spielen eingesetzte Möglichkeit ist, interaktiv kleine Icons einzublenden, je nachdem worüber der Mauszeiger gerade schwebt. Letztgenannte Option ist besonders für mausgesteuerte Spiele sehr elegant, erspart sie doch einen extra Klick auf einen Aktionsknopf. Ist mehr als eine Option möglich, so wird nach dem ersten Klick ein kleiner Kontextdialog geöffnet, der alle weiteren Optionen zur Verfügung stellt oder weitere Subkontexte enthält. Die passiven Fähigkeiten werden durch Beschreibungstexte, Zahlen und Icons repräsentiert, die die Spieler zwar betrachten aber nicht direkt manipulieren können.

Abbildung 12: Civilization IV - Buttons für die Aktivierung aktiver Fähigkeiten des ausgewählten Unit

Abbildung 13: Heroes of Might and Magic - Interaktiv eingeblendetes Symbol für das Angreifen der in der Nähe befindlichen Einheit

---

24 Action and Events Patterns: Patterns in Game Design – p. 107 und Orthogonal Unit Differentiation: Patterns in Game Design CD - /collection/Alphabetical_Patterns/OrthogonalUnitDifferentiation.htm

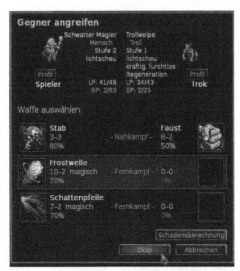

Abbildung 14: Battle for Wesnoth - Kontextmenü für die Auswahl des Angrifftyps nach einem Klick auf eine gegnerische Einheit

Unit Ability Konzept

Ich werde einen Mittelweg zwischen bereits vorgefertigter Implementierung und dynamischer Anpassung über XML wählen. Zuallererst werde ich eine Klasse namens `AbsAbility` implementieren, die grundlegende Membervariablen und Funktionen beinhalten wird. Von dieser Klasse ausgehend, werde ich grundlegende Fähigkeitstypen wie `AttackAbility`, `MovementAbility`, `UnitProductionAbility`, `ResourceProductionAbility` oder `SightAbility` implementieren. Die drei zuerst genannten Ableitungen sind dabei Beispiele aktiver Fähigkeitsklassen und die zwei letztgenannten Beispiele für passive Fähigkeitsklassen. Für die weitere Spezialisierung dieser Fähigkeiten wird der Inhalt eines XML-Tags innerhalb der XML-Dateien zur Beschreibung von Einheiten zuständig sein. So können Entwickler zum Beispiel allen Nah- und Fernkampfeinheiten jeweils ihre eigenen Angriffsfähigkeiten zuordnen, die wiederum unterschiedliche Icons, grafische Effekte, Reichweiten und Schadenswirkungen haben und doch auf der gleichen Funktionalität beruhen.

2.2.1.2 Muster für Ressourcen und Ressourcenmanagement[25]

Alle drei Spiele kennen die Konzepte der Ressource, des Ressourcenmanagements[26] und des Produzenten- und Konsumenten-Musters[27]. In allen drei Spielen gibt es sowohl lokale Ressourcen, wie zum Beispiel Lebens- oder Zauberpunkte einer Einheit, die zum Ausführen besonderer Fähigkeiten verwendet werden können, als auch globale Ressourcen wie Gold oder Holz für den Kauf neuer Einheiten, Gebäude oder Forschungsaufträge. Der größte Unterschied zwischen diesen beiden Ressourcenarten ist, dass lokale Ressourcen immer von derselben Einheit konsumiert werden, die auch das entsprechende Ressourcenkonto besitzt, mit dem eine Transaktion für den Konsum durchgeführt wird. Globale Ressourcen hingegen werden in einem Ressourcenkonto des Spielers verwaltet. Sie werden von einer oder mehreren Einheiten produziert und von einer oder mehreren Einheiten konsumiert.

Abbildung 15: Civilization IV - Lokale Ressourcen einer Stadt (Lebensmittel pro Runde, besetzbare Felder etc.)

Abbildung 16: Heroes of Might and Magic IV - Lokale Ressourcen eines Helden (Zauberpunkte, Schritte pro Runde, Lebenspunkte etc)

Abbildung 17: Battle for Wesnoth - Lokale Ressourcen einer Einheit (Lebenspunkte, Erfahrungspunkte, Bewegungspunkte etc.)

---

25 Game Design Patterns for Resource and Resource Management: Patterns in Game Design – p. 107

26 Resource Management: Patterns in Game Design – p. 115

27 Producer-Consumer: Patterns in Game Design – p. 111

Abbildung 18: Battle for Wesnoth - Anzeige für globale Ressourcen, die dem Spieler überall auf der Karte gleichermaßen zur Verfügung stehen

Konzept allgemein

Ich werde eine Klasse namens `AbsBaseResourceType` implementieren. Jede Ableitung von diesem Basistyp besitzt einen Beschreibungstext, ein Icon und einen Namen. Zusammen mit einer Instanz von `ResourceAccount` (eine für jede Ressource) können dann Einheiten und Spieler Ressourcen verwalten. Bei der Analyse der Ressourcen ist mir aufgefallen, dass eine Trennung zwischen Einheitenattributen und Einheitenressourcen recht schwerfällt. Beide haben Namen, Beschreibungen und Icons, beide haben möglicherweise obere und untere Limits was ihre Werte anbelangt und beide können produziert und konsumiert werden. Ich habe mich dazu entschieden, Attribute wie Bewegungspunkte oder Lebensenergie als Ressourcen zu implementieren und keine extra Klassen für Attribute zu entwerfen.

Konzept Resource Account

Jedes Spielelement (sowohl Einheiten als auch der Spieler selbst) kann ein oder mehrere Ressourcenkonten besitzen. Das Ressourcenkonto (implementiert als `ResourceAccount`) soll Einnahmen und Ausgaben einer bestimmten Ressource verwalten, die beim Erstellen des Kontos über den `ResourceType` bekannt gegeben wird. Des weiteren können obere und untere Limits für den Kontostand angegeben werden. Im Verlauf des Spiels wird das Konto Produktionsstätten (`ResourceProducer`) und Verbrauchern (`ResourceConsumer`) bekanntgegeben, die dann über öffentliche Methoden den Kontostand manipulieren können. Zu beachten ist, dass Transaktionen auch fehlschlagen können, wenn ein zuvor im Konto festgelegtes Maximum oder Minimum bei der Transaktion über- beziehungsweise unterschritten wird. In diesem Fall wird eine Exception geworfen. Ein Konsument oder Produzent muss demzufolge vor einer Transaktion prüfen, ob diese gelingen kann oder den Fehler bei der Transaktion abfangen. Das Ressourcenkonto stellt ein Interface namens `IResourceAmountChangedListener` bereit. Klassen, die dieses Interface implementieren, können sich bei einem Account registrieren und auf Kontostandsänderungen lauschen.

Konzept Resource Producer

Jedes Spielelement kann im Prinzip als Ressourcenproduzent auftreten. Dafür benötigt es allerdings die Fähigkeit `ResourceProductionAbility`. Ressourcenproduzenten generieren Ressourcen in vom Gamedesigner festgelegten Intervallen. Sobald ein Produktionszyklus abgeschlossen ist, prüft der Ressourcenproduzent, ob bei ihm ein Ressourcenkonto (`ResourceAccount`) registriert ist, an das die produzierten Ressourcen überwiesen werden sollen. Ist das der Fall, führt er eine Überweisung durch.

Konzept Resource Consumer

Jedes Spielelement kann als Ressourcenkonsument für die Ressourcen auftreten, die es für das Produzieren anderer Spielelemente oder für das Ausführen von Aktionen verbraucht. Das können Helden sein, die beim Wandern über die Karte die Ressource Bewegungspunkte verbrauchen, oder Produktionsgebäude, die globale Ressourcen wie Gold verbrauchen, um Gegenstände herzustellen. Um dies zu tun, benötigt ein Spielelement die Fähigkeit `ResourceConsumerAbility`, der wiederum ein oder mehrere `ResourceAccounts` bekannt sind, von der sie Ressourcen abbuchen kann. Soll eine Transaktion getätigt werden, so wird der Spielgegenstand mit der `ResourceConsumerAbility` über die Methode `resourcesAvailable(...)` gefragt, ob die bei ihm registrierten Konten genug Ressourcen der entsprechenden Typen besitzen. Sind genug Ressourcen vorhanden, kann die Transaktion mit dem Aufruf der Methode `consumeRessources(...)` angeordnet werden. Erst nach einer positiven Rückmeldung dieser Methode dürfen entsprechende Aktionen wie das Ausführen von Zaubersprüchen oder das Erstellen von Einheiten folgen.

2.2.1.3 Muster für Information, Kommunikation und Präsentation[28]

Game State Overview

Alle drei Spiele nutzen das Designpattern *God Views*[29] kombiniert mit *Imperfect Information*[30], was wiederum durch *Fog of War*[31] erreicht wird. Dies sind unter anderem Voraussetzungen um das Designpattern *Game State Overview*[32] zu nutzen. Objekte und Konzepte aus dem Bereich *Game State Overview* beschreiben Informationsangebote für den Spieler, die über die für ihn direkt zugänglichen Informationen hinausgehen. Sie können auch dafür genutzt werden, die ihm bereits zur Verfügung stehenden Informationen zusammenzufassen. Zu diesen Objekten gehört zum Beispiel die Mini-Map, die dem Spieler einen schnellen Überblick über die gesamte Spielkarte gewährt, oder die Ressourcenanzeige, die dem Spieler einen Überblick über die Gesamtproduktionsrate und den Gesamtwarenbestand ermöglicht. Einige dieser Objekte und Konzepte treten in allen drei Spielen auf, weshalb ich mich im Folgenden genauer mit ihnen befassen werde.

Mini-Map

Die Mini-Map ist eine stark verkleinerte Darstellung der Karte, auf der gerade gespielt wird. In allen drei Spielen wird *Fog of War* berücksichtigt, genauso wie grobe Landschaftsunterschiede zwischen Wasserflächen, Wüsten, Wiesen, Eislandschaften oder Bergen. Meist wird die wichtigste Farbe des abzubildenden Maptiles ermittelt und durch einen wenige Pixel großen Punkt auf der Mini-Map abgebildet. Eigene und feindliche Einheiten und Gebäude werden als Punkte in der jeweiligen Spielerfarbe dargestellt. Wichtige Einheiten und Gebäude werden überproportional groß abgebildet. Durch ein Rechteck auf der Mini-Map wird angezeigt, welchen Ausschnitt der Gesamtkarte der Spieler gerade sieht. Durch Interaktion mit der Mini-Map kann die Ansicht schnell verschoben werden.

---

28 Game Design Patterns for Information, Communication, and Presentation: Patterns in Game
   Design – p. 123
29 God Views: Patterns in Game Design CD - /collection/Alphabetical_Patterns/GodViews.htm
30 Imperfect Information: Patterns in Game Design – p. 124
31 Fog of War: Patterns in Game Design CD - /collection/Alphabetical_Patterns/FogofWar.htm
32 Game State Overview: Patterns in Game Design – p. 142

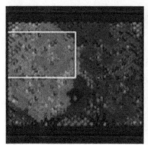  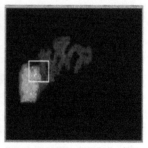

Abbildung 19: Battle for Wesnoth Mini-Map

Abbildung 20: Heroes of Might and Magic IV Mini-Map

Abbildung 21: Civilization IV Mini-Map

Mini-Map Konzept

Ich werde das Konzept der Mini-Map in der Klasse `AbsMiniMap` implementieren. Sie wird für die Darstellung zum einen eine relativ kleine Grafik der aktuellen Map, die Abbildung der Pixel dieser Grafik auf die ursprünglichen Maptiles und Informationen über die Darstellung möglicher Regionstypen und die durch sie beschriebenen Regionen benötigen. Außerdem wird es möglich sein, Icons für die Darstellung von Spielelementen festzulegen und Signale auf der MiniMap zu platzieren. Um erweiterte Funktionalität zu bieten, wird es möglich sein unterschiedliche Click- und TouchListener zu registrieren, um zum Beispiel schnelles Scrollen auf der MiniMap zu ermöglichen.

Fog of War – Kriegs- und Verschleierungsnebel

Alle drei Spiele besitzen die Konzepte Kriegs- und Verschleierungsnebel und in allen drei Spielen sind diese fast identisch umgesetzt. Beide Nebel sind spielerabhängig und müssen für jeden Spieler separat berechnet werden.

Der Verschleierungsnebel verschleiert Kartenbereiche, die in dieser Spielsession vom Spieler noch nie besucht wurden. Bis der Spieler diese Bereiche erkundet hat, wird er nicht wissen, welches Terrain oder gar Spielobjekt sich dort befindet. Hat er einen verschleierten Bereich einmal betreten, verschwindet der Verschleierungsnebel permanent. Verschwindet der Bereich aus dem Sichtbereich aller eigenen und befreundeten Einheiten, wird dieser durch Kriegsnebel verdeckt.

Kriegsnebel verschleiert die Zustands- und Positionsänderung von Spielobjekten in erkundeten aber momentan nicht überwachten Kartenbereichen. Er liegt als schwarzer halbtransparenter Schleier über Kartenbereichen, die aktuell durch keine eigenen oder verbündeten Einheiten beobachtet werden können.

Beide Nebelformen müssen für den Spieler neu berechnet werden, wenn eigene oder verbündete Einheiten ihren Sichtbereich ändern. Das kann passieren, wenn sie entstehen, sterben, sich bewegen, oder durch andere Einflüsse eine Sichtbereichsänderung herbeigeführt wird. Die Nebel werden immer nur für die Maptiles neu berechnet deren Sichtbarkeitsstatus (indirekt beschrieben durch die Sichtradien eigener oder befreundeter Einheiten) sich gerade ändert. Für die orthogonale Darstellung der Nebel benötigt man je Nebel mindestens sechs Maptiles. Ein Tile wird für komplett verdeckte Bereiche benötigt, an die wiederum nur komplett verdeckte Bereiche angrenzen, ein Tile wird benötigt um Ecken darzustellen, wenn über Ecken angrenzende Tiles nicht vom Nebel bedeckt sind und weitere vier Tiles werden benötigt, um Nebelgrenzen darzustellen. Möchte man Nebel haben der sich auch über die Hälfte oder ein Viertel eines Tiles legen kann, so muss man entsprechend mehr Nebel-Tiles gestalten.

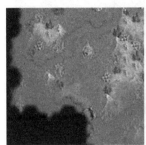  

Abbildung 22: Battle for Wesnoth Fog of War

Abbildung 23: Civilization IV Fog of War

Abbildung 24: Heroes of Might and Magic IV Fog of War

Kriegs- und Verschleierungsnebel Konzept

Diese Kontrollklasse nenne ich **RegionController**. In ihr werden die unterschiedlichen Regionsinstanzen (**Region**) der unterschiedlichen Regionstypen (**RegionType**) verwaltet. Mit ihr lassen sich unterschiedliche Arten der Kennzeichnung von Regionen umsetzen. Für den Kriegsnebel und den Verschleierungsnebel werden Regionstypen erstellt, welche wiederum in Instanzen ihrer Klassen die in deren Regionen eingeschlossenen Maptiles verwalten. Für die Darstellung implementiere ich eine Klasse namens **RegionVisionLayer**. Sie wird auf Veränderungen der von ihr verwalteten Regionen beim **RegionController** lauschen und implementiert deshalb **IRegionChangedListener**.

Ressourcenanzeigen

Ein wichtiger Bestandteil jedes Head-up-Displays (HUD) in Strategiespielen ist die Ressourcenanzeige. Mit ihr wird angezeigt, welche Menge welcher Ressourcen dem Spieler in diesem Moment zur Verfügung stehen. Optional wird angezeigt, wie sich die Menge zur nächsten Runde verändern wird, wenn alles so bleibt wie es jetzt ist. In allen drei Spielen gibt es diese Ressourcenanzeigen und alle drei besitzen mindestens eine Ressourcenanzeige auf dem Haupt-HUD. Charakteristischerweise besteht die Anzeige immer aus einem Icon, gefolgt von einer Zahl für die Menge, unabhängig davon ob sie horizontal oder vertikal ausgerichtet ist.

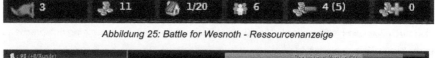

Abbildung 25: Battle for Wesnoth - Ressourcenanzeige

Abbildung 26: Civilization IV - Ressourcenanzeige

Abbildung 27: Heroes of Might and Magic
IV - Ressourcenanzeige

Ressourcenanzeigen Konzept

Ich werde die Ressourcenanzeige als **ResourceDisplay** implementieren. Eine Instanz dieser Klasse visualisiert genau eine Ressource. Es wird die Möglichkeit geben, sie mit einem Icon und einem Text für die Mengenanzeige auszustatten. Das Icon wird animierbar sein. Icon und Text werden optional und Ausrichtung und Größe werden wählbar sein. Um ein **ResourceDisplay** zu erstellen, benötigt man einen **ResourceType**, der über einen

`ResourceAccount` kontrolliert wird. Das `ResourceDisplay` wird das von der `ResourceAccount` Klasse bereitgestellte `IResourceAmountChangedListener` Interface implementieren, das ihm erlaubt auf Mengenveränderungen seiner Ressourcen zu lauschen.

Kommunikationskanäle[33]

Alle drei Spiele besitzen Live-Chats im Spiel und in der Spielvorbereitung. Eine weitere Form der Kommunikation findet man in Civilizations IV. Es erlaubt dem Spieler politische Entscheidungen bezüglich der Bündnisse und des Handels, sowie des Austausches von Technologien gegenüber anderen Spielern zu treffen. Diese Form der Kommunikation ist sehr formal und läuft über vorgefertigte Textblöcke.

Neben diesen Kommunikationskanälen gibt es noch Foren oder ganze Webportale, die sich nur um dieses eine Spiel drehen. Diese haben aber keinen direkten Zugriff auf das Spiel oder gar auf ein bestimmtes Match.

Kommunikationskanäle Konzept

Ich werde eine *ClientMessage* Klasse namens `ClientChatmessageMessage` implementieren. In ihr wird die Nachricht, eine Liste von Empfängern und optional eine Match ID gespeichert. Der Gameserver wird `ClientChatmessageMessages` entgegennehmen und sie weiterleiten, wenn die entsprechenden Empfänger online sind. Ist außerdem eine Match ID angegeben, so versucht der Gameserver sie einem gerade aktiven Match zuzuordnen. Dies ist wichtig, um Chatnachrichten in Spielaufzeichnungen zu speichern.

2.2.1.4 Muster für Spielsessions

In allen drei Spielen besteht eine Spielsession[34] aus Runden[35] und die Spielsession beginnt immer synchron[36]. In einer Runde ist jeder Spieler einmal an der Reihe. Da rundenbasierte Spiele sehr lange dauern können, besitzen alle Spiele die Möglichkeit die Zeit, die ein Spieler pro Runde zur Verfügung hat, zu beschränken, um den Spielfluss zu fördern. Es gibt also spätestens nach der eingestellten Zeitspanne einen Zwangs-Tick[37] (einen Wechsel vom

---

33 Communication Channels: Patterns in Game Design – p. 139
34 Game Design Patterns for Game Sessions: Patterns in Game Design – p. 339
35 Turn-Based Games: Patterns in Game Design – p. 347
36 Synchronous Games: Patterns in Game Design – p. 343
37 Tick-Based Games: Patterns in Game Design CD - /collection/Alphabetical_Patterns/Tick-BasedGames.htm

aktuellen Spieler zum nächsten Spieler). Außerdem gibt es sowohl bei Battle for Wesnoth als auch bei Civilization IV die Möglichkeit die Anzahl der Runden zu beschränken. Ist ein Spieler an der Reihe, kann er so viele Spielzüge (Steps) durchführen, wie ihm das Spielkonzept gestattet. Meist ist die Anzahl der Spielzüge durch die maximal mögliche Anzahl an Aktionen (zum Beispiel Angreifen oder Bewegen) pro Spielgegenstand limitiert. In allen drei Spielen können sich die Truppen des Spielers nur eine begrenzte Strecke auf dem Spielfeld bewegen. In Battle for Wesnoth können sie außerdem nur einmal angreifen. In Heroes of Might and Magic IV kann in Städten nur ein Gebäude errichtet werden. In allen drei Spielen benötigt die Produktion einer Einheit mindestens eine Runde (Round), also die Zeit, bis der Spieler erneut an der Reihe ist.

Spielrunden Konzept

Ich werde eine Spielsession in kleinere Einheiten unterteilen, um sie möglichst übersichtlich zu beschreiben. Eine Spielsession wird im Framework als **AbsMatch** repräsentiert. Ein **AbsMatch** besteht aus Runden (**Rounds**), die wiederum aus **Turns** der einzelnen Spieler bestehen. Ein **Turn** wiederum besteht aus Schritten (**Steps**) und den in diesem **Turn** versandten öffentlichen Chat-Messages. Ein **Step** ist die kleinstmögliche Aktion eines Spielers in der Spielwelt. Weiterhin beinhaltet **AbsMatch** eine Instanz von **AbsGlobalGameState**, indem der gesamte Istzustand des aktuellen Spiels festgehalten wird. Der **AbsGlobalGameState** besteht wiederum aus den **AbsPlayerGameStates**, in denen der Spielzustand eines Spielers festgehalten wird. Außerdem ist dem **AbsGlobalGameState** die Zusammenstellung der **Teams** bekannt und der Spieler der momentan an der Reihe ist. **AbsGlobalGameState** soll die Spiellogik beinhalten, während **AbsMatch** für das Laden, Speichern und Vorhalten der einzelnen Spielschritte und für das Empfangen und Senden von Nachrichten an die Spieler zuständig ist.

2.2.2 Menüs

2.2.2.1 Menü für die Kartenwahl

Bei der Erstellung eines neuen Matches zeigen alle drei Spiele dem Spieler zuallererst ein Menü für die Kartenwahl an, wobei die Darstellung der Kartenlisten variiert. Die verfügbaren Karten werden mal als sortierbare Tabelle (Heroes of Might and Magiv IV), mal als DropDown-Liste (Civilization IV) und mal als einfache Liste (Battle for Wesnoth) dargestellt. Bevor dieses Menü aufgerufen wird, wurde vom Spieler bereits festgelegt, um was für eine Art Spiel es sich handelt (d.h. Singleplayer oder Multiplayer samt Protokolltyp). Alle Spiele bis auf Heroes of Might and Magic IV bieten die Möglichkeit, die Karteneinstellungen für das kommende Match bereits in diesem Menü zu treffen. Civilization IV ist das einzige Spiel, in dem das Menü für die Kartenwahl gleichzeitig auch das Menü für die Spielvorbereitung ist.

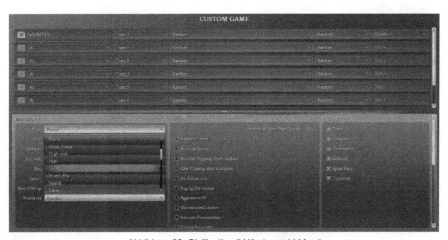

Abbildung 28: Civilization IV Kartenwahl Menü

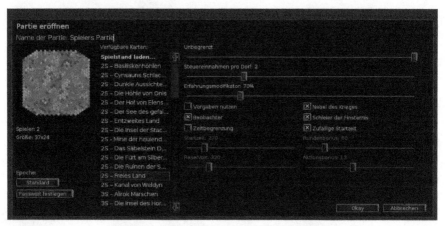

Abbildung 29: Battle for Wesnoth Kartenwahl Menü

Abbildung 30: Heroes of Might and Magic IV Kartenwahl Menü

Kartenwahl-Menü Konzept

Ich werde eine abstrakte Klasse namens `AbsChooseMapActivity` definieren und darin einen asynchronen Lademechanismus für das Laden von Kartenübersichten implementieren. Des weiteren werde ich ein Interface namens `IChooseMapView` definieren, das eine entsprechende View[38] implementieren muss, um über Ereignisse wie das Laden der Kartenliste informiert zu werden. Außerdem werde ich eine abstrakte Klasse namens `AbsMapOverview` implementieren, um mit ihr Kartenübersichten zu repräsentieren. In ihr werden grundlegende Variablen wie die Map ID, die Spieleranzahl, die Größe der Map und der Map Name gespeichert sein.

2.2.2.2 Menüs für die Spielvorbereitung

Nicht in allen drei Spielen existiert ein separates Menü für die Spielvorbereitung (bei Civilization IV ist das Menü für die Kartenwahl gleichzeitig auch das Menü für die Spielvorbereitung – siehe Abschnitt 2.3.2.1), aber der Schritt der Spielvorbereitung ist in allen drei Spielen vorhanden und hat einige abstrahierbare Gemeinsamkeiten.

In allen drei Spielen wird eine Liste aller Spielerslots angezeigt, die entweder geöffnet, geschlossen oder belegt sind. Jeder Slot steht dabei für eine Startposition auf der gewählten Karte. Man kann in allen drei Spielen für jeden Slot die Fraktion, den Zustand/den Spieler (auch die KI Spieler) und das Team festlegen. Bei Heroes of Might and Magic IV sowie Battle for Wesnoth kann man außerdem die Spielerfarbe festlegen. Des weiteren werden in allen drei Spielen Metainformationen der gewählten Karte angezeigt und es gibt einen Bereich, in dem Spieleigenschaften angezeigt werden. Diese können in allen drei Spielen nur vom Spielleiter verändert werden. Außerdem kann jeder Spieler angeben, ob er zum Spielen bereit ist. Sind alle Spieler bereit, kann der Spielleiter das Spiel starten.

---

38 Eine View ist im Android-Kontext die simpelste aller Darstellungselemente.

Weitere Informationen unter: http://developer.android.com/reference/android/view/View.html

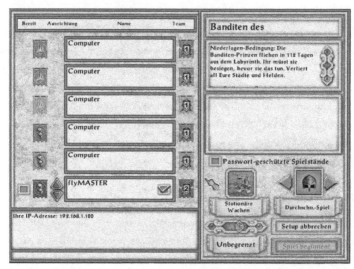

Abbildung 31: Heroes of Might and Magic IV Spielvorbereitung

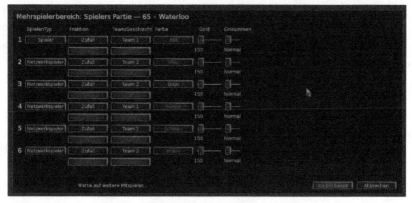

Abbildung 32: Battle for Wesnoth Spielvorbereitung

Konzept für das Spielevorbereitungsmenü

Das Menü für die Spielvorbereitung ist eines der komplexesten Menüs im Spiel, weshalb ich mehrere abstrakte Klassen und Interfaces implementieren werde. Da wäre zum einen die abstrakte Klasse **AbsPrepareMatchActivity**, die sich um die grundlegende Logik der gesamten Spielvorbereitung auf der Clientseite kümmern wird. Dazu werde ich ein Interface namens **IPrepareMatchView** entwerfen, mit dem zum Beispiel eine View auf

36 - 71

Veränderungen in der Spielvorbereitung lauschen kann. Das Gegenstück auf der Serverseite werde ich **AbsServerMatchPreparation** nennen. Hinzu kommt die Klasse **AbsPlayerSlot** für die Repräsentation der Spielerslots und das Interface **IPlayerSlotView** mit dem eine Klasse auf Änderungen eines Spielerslots lauschen kann. Dies wäre zum Beispiel für die grafische Repräsentation eines PlayerSlots interessant. Weiterhin werde ich einen Klasse namens **AbsPrepareMatchChoiceDialog** implementieren. Mit ihr sollten sich auf einfache Weise Dialoge für die Veränderungen von PlayerSlot-Werten erzeugen lassen. Außerdem wird es eine Reihe von *Client-* und *ServerMessage*-Klassen geben, auf die ich im späteren Verlauf dieser Arbeit genauer eingehen werde.

3. Implementierung

3.1 Das für die Implementierung verwendete Vorgehensmodell

Ich habe mich dafür entschieden Extreme Programming (XP) als Vorgehensmodell sowohl zur Entwicklung der Engine als auch der Beispielimplementierung zu nutzen.

XP ist dann sinnvoll, wenn zum Projektstart noch nicht klar ist was für Features der Kunde wirklich benötigt, er aber bereit ist, den Entwicklungsprozess nah zu verfolgen und in kurzen Abständen neu implementierte Features abzunehmen und über zukünftige Features zu sprechen. Dabei wird darauf geachtet nur das zu implementieren, was der Kunde im nächsten Entwicklungsschritt auch wirklich benötigt. Außerdem erlaubt XP schon sehr früh im Entwicklungsprozess, lauffähige Versionen zur Verfügung zu stellen und auf diesen aufzubauen.

Ich bin bei dieser Arbeit mein eigener Auftraggeber und weiß zu Beginn noch nicht vollständig, was ich an Funktionen letztendlich benötige. Gleichzeitig befinde ich mich in der Rolle des Entwicklers und bin gewillt, fortlaufend neue Features zu implementieren, diese sofort zu testen und darauf aufbauend neue Features zu ermitteln. Außerdem stehen mir nur begrenzte Ressourcen (Zeit) zur Verfügung, weshalb ich mir nicht leisten kann, möglicherweise unnütze Features zu implementieren, oder gar ganze Prototypen zu verwerfen. Die im Kapitel *1.5 Das Ziel dieser Arbeit und mein weiteres Vorgehen* beschriebenen Ziele dienen als konkrete zu implementierende Komponenten. Die im Kapitel *2.2 Komponentenanalyse und Konzepte* beschriebenen Konzepte sind hingegen ferne Zielmarken. Sie gehören eher zum theoretischen Teil dieser Arbeit. Ich werde Komponenten implementieren, diese danach sofort überprüfen und mit meinen gesteckten Zielen vergleichen und auf diesem Weg nach und nach eine lauffähige und stabile Minimalimplementierung realisieren.

3.2 Wahl der Software-Design-Patterns und ihre Anwendung

Abstract Factory[39]

Das Factory Pattern kennt abstrakte Fabriken und abstrakte Produkte und soll ermöglichen, später hinzukommende konkrete Produkte durch konkrete Implementierung von Fabriken herstellen zu können, ohne diese im Vorhinein zu kennen. Das Konzept meiner Klasse `UnitFactory` verfolgt im Prinzip das gleiche Ziel. Sie kann Einheiten (`Unit`) erzeugen, die auf noch nicht bekannten Einheitentypen basieren. Sie kennt nur die abstrakte Form einer Einheit in Form der Klasse `UnitType`. Fordert man sie auf eine neue Einheit zu erzeugen, ruft man eine `create(...)` Methode auf und übergibt dabei unter anderem eine Typ-ID, auf der die neue Einheit basieren soll. `UnitFactory` sucht anhand der Typ-ID nach einer entsprechenden Einheiten XML-Datei und lädt deren Daten in eine Instanz der Klasse `UnitType`. Mit dieser erzeugt sie dann eine neue Instanz von `Unit` und gibt sie zurück. Weitere Erklärung zu diesem Vorgang findet sich im Abschnitt Unit im Kapitel *2.2.1.1 Muster für Spielelemente*.

Flyweight[40]

Das Flyweight Pattern kommt im Zusammenhang mit der Implementierung des Einheiten-Konzepts, das ich im Kapitel *2.2.1.1 Muster für Spielelemente* im Abschnitt Unit beschrieben habe, zum Einsatz. Jede Instanz von `Unit` beinhaltet eine Referenz auf einen `UnitType`. Dabei wird nicht für jede `Unit` der entsprechende `UnitType` neu erzeugt, sondern es wird eine einzige Instanz des `UnitType` in der `UnitFactory` vorgehalten und beim Erstellen einer neuen `Unit` als Referenz übergeben. Dies verhindert, dass Grafiken und Sounds mehrfach geladen werden, und spart außerdem unnötige Instanzen der Klasse UnitType.

Observer[41]

Das Observer Pattern kommt unter anderem in den Klassen `AbsChooseMapActivity`, `AbsPrepareMatchActivity` und `AbsClientPlayerSlot` zum Einsatz. Sie besitzen allerdings keine extra Observer-Objekte, sondern sind ihre eigenen Observer.

39 Abstract Factory: Design Patterns. Elements of Reusable Object-Oriented Software – p. 87
40 Flyweight: Design Patterns. Elements of Reusable Object-Oriented Software – p. 195
41 Observer: Design Patterns. Elements of Reusable Object-Oriented Software – p. 293

Jeder Entwickler, der die TBS-Engine einsetzt, wird Objekte dieser Klassen grafisch repräsentieren und dafür seine eigenen Views einsetzen. Da die Views (jedenfalls was die Menüs betrifft) sich am meisten von Implementierung zu Implementierung unterscheiden, habe ich darauf verzichtet abstrakte Views zu implementieren. Stattdessen habe ich Interfaces wie `IAbsPlayerSlotChangedListener`, `IChooseMapView` und `IPrepareMatchView` formuliert, die von entsprechenden Views implementiert werden müssen. Instanzen dieser Views müssen entweder beim Erstellen der Modell-Instanzen erzeugt werden oder sich zu einem späteren Zeitpunkt bei den Modell-Instanzen registrieren. Ist dies geschehen, werden sie über die in ihren Interfaces definierten Methoden über Änderungen der Modellobjekte informiert.

State[42]

Das State-Pattern verwende ich in leicht abgewandelter Form unter anderem in den Klassen `AbsServerMatchPreparation`, `AbsMatch`, und `Round`. Die Zustände werden nicht wie im Buch beschrieben durch Instanzen von Ableitung der Hauptklasse realisiert, sondern speichern ihren Zustand über eine Enumeration Membervariable und entscheiden innerhalb von Methoden ob und welche Operation der Methodenaufruf zur Folge haben soll.

Balking

Das Balking-Pattern soll verhindern, dass Methoden eines Objekts aufgerufen werden, während sich das Objekt in einem Zustand befindet, in dem diese Methoden nicht aufgerufen werden dürfen. Tritt dieser Fall ein, so wird eine Exception (in der Regel eine `IllegalStateException`) geworfen. Ich habe dieses Pattern unter anderem in den Klassen `AbsServerMatchPreparation`, `AbsGameServer` und `Round` verwendet.

Template Method[43]

Das Template-Method-Pattern setze ich an vielen Stellen im Framework zu unterschiedlichen Zwecken ein: In den meisten Klassen dienen die Methoden dazu Teiloperationen durchzuführen, von deren konkreter Ausformulierung dem Framework noch nichts bekannt ist. Eine häufige Aufgabe ist das Erzeugen von Instanzen von über Generics bekannten

---

42 State: Design Patterns. Elements of Reusable Object-Oriented Software – p. 305
43 Template Method: Design Patterns. Elements of Reusable Object-Oriented Software – p. 325

gegebenen Klassen zum Beispiel in den create(...) Methoden in den Klassen **AbsMapLoader** und **AbsChooseMapActivity**.

Eine weitere häufige Aufgabe ist das Verarbeiten von **Client-** oder **ServerMessage** Objekten zum Beispiele in den on...() und process...() Methoden der Klassen **AbsPrepareMatchActivity** und **AbsServerMatchPreparation**. Außerdem dienen sie an manchen Stellen als Hooks zum Beispiel in der Klasse **AbsGameServer** durch onPre...() und onPost...() Methoden.

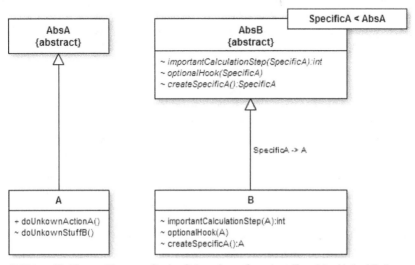

Abbildung 33: Klassen-Diagramm für den Gebrauch von Generics + Template--Method-Pattern

3.3 Die wichtigsten Komponenten des Frameworks

3.3.1 Das Client-Server Modell

In dem Modell, für das ich mich entschieden habe, benötigt man für jede Art von Match einen Server, egal ob man ein Level einer Kampagne spielt, im Hot-Seat vor einem Gerät gegeneinander antritt, ein Skirmish[44]-Match gegen Spieler mit künstlicher Intelligenz (KI) bestreitet oder man sich mit menschlichen Spielern per WLAN oder Bluetooth im lokalen Netzwerk duelliert. Diese Aufteilung erlaubt mir zum einen Zuständigkeiten klar zu trennen und zum anderen vermeidet es doppelte Implementierung derselben Verwaltungsstrukturen.

Die Aufteilung

Der Client hat die Aufgabe das Spielgeschehen selbst, aber auch die Spielvorbereitung aus der Sicht eines Spielers darzustellen. Er lässt den Spieler eine Anfrage zum Erstellen eines Spiels oder zum Beitreten zu einem Spiel versenden, erlaubt dem Spieler Chat-Nachrichten zu verschicken und seine eigenen Spielzüge durchzuführen. Die meiste Zeit aber lauscht der Client auf Entscheidungen des Servers, die dieser in Form von *ServerMessage*s mitteilt und reagiert auf diese.

Der Server ist die kontrollierende und informierende Instanz. Er überprüft ob Spieler dem Server beitreten dürfen oder stellt fest, ob sie die Berechtigung haben neue Spiele zu erstellen. Weiterhin entscheidet er, ob bei der Spielvorbereitung ein Wechsel der Fraktion oder des Teams zulässig ist und gibt zulässige Veränderungen an alle Mitspieler weiter. Wenn ein Spielleiter sein Spiel starten will, prüft der Server, ob alle Spieler bereit sind und startet gegebenenfalls das Spiel. Des Weiteren ist er dafür zuständig, einzelne `Step`s oder den ganzen `Turn` eines aktiven Spielers zu validieren, bevor sie an alle Mitspieler verteilt werden. Er entscheidet auch, wer ein Spiel gewonnen oder verloren hat, teilt mit, welcher Spieler als Nächster an der Reihe ist oder bricht eine Spielvorbereitung ab, wenn der Spielleiter eines Spiels vor dem Spielstart unvermittelt den Server verlässt. Außerdem leitet er Chat-Nachrichten weiter.

---

44 Ein Skirmish-Match ist die Simulation eines Mehrspieler-Matches, nur das statt anderer menschlicher Mitspieler KI Gegner gegen den Spieler antreten.

Der Aufbau

Auf der Clientseite befindet sich die Klasse `ClientConnectionGateway` und das dazugehörige Interface `IOnGameClientConnectionStatusListener`. Das `ClientConnectionGateway` lagert die direkte Kommunikation zwischen Client und Server aus und abstrahiert außerdem die Art der Kommunikation (WLAN oder Bluetooth). Jede Client-Komponente besitzt ihr persönliches `ClientConnectionGateway` und implementiert das Interface `IOnGameClientConnectionStatusListener`. Beim Erstellen des `ClientConnectionGateway` übergibt der Client seine Implementierungen von *IServerMessageHandler* mit denen er eingehende *ServerMessage*s behandelt und registriert sich außerdem als `IOnGameClientConnectionStatusListener,` um auf Veränderungen der Client-Server Verbindung zu lauschen. Den Auf- und Abbau der Verbindung, sowie das Senden von *ClientMessage*s kann der Client im Folgenden über sein `ClientConnectionGateway` regeln. Die Client Komponente in einem Spiel, die als Erste auf den Server zugreift, muss in der Lage sein den **AbsGameServerService** zu starten. In der Standardimplementierung ist dies die Implementierung der Klasse **AbsPrepareMatchActivity**.

Auf der Serverseite befinden sich die Klassen **AbsGameServer** und **AbsGameServerService**. Der Service[45] wird benötigt, wenn ein Spiel auf demselben Gerät oder im lokalen Netzwerk gespielt werden soll. In diesen Fällen wird der Service auf dem Gerät des Spielers gestartet, der ein Spiel leiten möchte. Der Service wiederum startet den GameServer. Service und damit auch der GameServer laufen im Hintergrund weiter, auch wenn der Spieler zwischenzeitlich andere Apps und Funktionen auf seinem Gerät aufruft oder innerhalb des Spiels die Activity[46] wechselt. Dies ist zum Beispiel beim Wechseln von der Spielvorbereitung hin zum eigentlichen Spiel der Fall. Die Spielvorbereitungen und die Spielsessions selbst werden durch die Klassen **AbsServerMatchPreparation** und **AbsServerMatch** repräsentiert und verarbeiten auch alle Anfragen die Instanzen dieser Klassen betreffen.

---

45 Ein Android Service ist eine Möglichkeit Berechnungen oder Kommunikation im Hintergrund einer Applikation ablaufen zu lassen. http://developer.android.com/reference/android/app/Service.html

46 Eine Activity ist ein Fragment einer Applikation, von dem zur gleichen Zeit nur eines aktiv sein kann. http://developer.android.com/reference/android/app/Activity.html

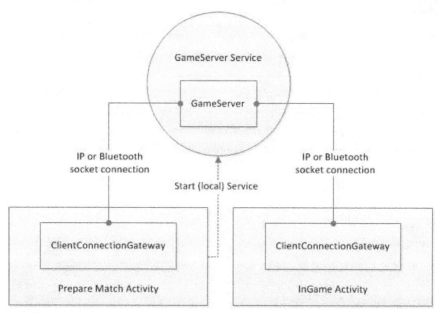

Abbildung 34: Beschreibung der Kommunikation zwischen Client Activities und dem GameServer.

3.3.2 Die Activity-Stubs

Activities beschreiben in Android einzelne Fragmente einer Applikation und dienen außerdem dazu den Programmablauf zu konstruieren. Sie beinhalten alle Daten und alle Logik für die Verarbeitung von Eingaben und Informationen, die auf einem Screen gleichzeitig dargestellt werden können. Der Bereich für die Spieleinstellungen aber auch jedes Untermenü oder die Darstellung der Spielwelt, werden durch jeweils eine Activity repräsentiert. Für einige Applikationsfragmente, die in allen drei analysierten Spielen sehr ähnlich aufgebaut sind, habe ich Activity-Stubs geschrieben, um dem Entwickler die Arbeit abzunehmen selbst Konzepte für deren inhaltliche Strukturierung zu entwerfen. Außerdem habe ich damit einen Teil des Programmablaufs vorgeschrieben.

Der Vorgang vom Start der Applikation bis zum Start des Spiels läuft wie folgt ab:

Am Anfang steht der Start einer Implementierung der **AbsStartupCheckActivity** in der Updates durchgeführt werden können, die nicht automatisch bei einem Market update vorgenommen werden. Dies betrifft unter anderem das Ändern von Ordnerstrukturen, das Herunterladen zusätzlicher Inhalte aus externen Quellen und das Updaten von

Datenbankstrukturen. Auf diese Activity folgt eine Reihe von Haupt- und Untermenüs. Da Gestaltung, Anzahl und Reihenfolge der Menüs sehr individuell sein können, existieren für diese keine Stubs.

In einem der Menüs wird der Spieler gefragt, ob er ein neues Spiel erstellen oder einem bereits in der Vorbereitung befindlichem Spiel beitreten möchte. Je nach Entscheidung wird daraufhin eine Implementierung der **AbsChooseMapActivity** oder direkt der **AbsPrepareMatchActivity** gestartet. Wichtig ist dabei, dass in jedem Fall eine Enumeration der Klasse **MatchJoinOrPreparationType** übergeben wird. **AbsChooseMapActivity** präsentiert dem Spieler ein Kartenwahlmenü. Ist die Karte gewählt, so wird als nächstes **AbsPrepareMatchActivity** gestartet.

Hat der Spieler sich dazu entschieden einem Spiel beizutreten, so wird sofort die Implementierung der **AbsPrepareMatchActivity** gestartet. In dieser Activity können Spielleiter und Mitspieler gemeinsam entscheiden, wie das kommende Spiel konfiguriert werden soll und wer in welchem Team und mit welcher Fraktion spielt.

Ist auch dies erledigt, startet der Spielleiter das Spiel und somit für alle Mitspieler die Implementierung der Klasse **AbsInGameActivity**. In dieser Activity wird die Spielwelt dargestellt.

Abbildung 35: Ablauf Applikationsstart bis zur Spielsession

3.3.3 Das Unit-Modell

Wie schon im Kapitel *2.2.1.1 Muster für Spielelemente* angedeutet, habe ich für die Implementierung von Einheiten drei Klassen eingeführt. Dabei breche ich mit der Idee konkrete Implementierungen von Einheiten über das Ableiten einer abstrakten **Unit**-Klasse zu realisieren, sondern implementiere mit der Klasse **UnitType** einen Container dessen Instanzen durch in XML-Dateien gespeicherten Informationen zu einem konkreten **UnitType** konfiguriert werden können. **UnitType** wiederum besteht aus **UnitTypeStages**. Eine **UnitTypeStage** repräsentiert eine Entwicklungsstufe einer **Unit** und erlaubt es, Einheiten, zum Beispiel nach dem Sammeln einer bestimmten Menge

Erfahrungspunkte, sich weiterentwickeln zu lassen. Um eine neue `Unit` zu erzeugen, ruft man die `createUnit(...)` Methode der `UnitFactory` auf und übergibt einen Bezeichner für den gewünschten `UnitTyp`. Die `UnitFactory` wird dann versuchen mithilfe der zum Bezeichner passenden XML-Datei eine Instanz der Klasse `UnitType` zu erschaffen, mit der sie dann die eigentliche `Unit` erzeugen und zurückgeben kann. `UnitFactory` speichert außerdem, welche `UnitTypes` bereits zur Laufzeit geladen wurden und hält diese vor um wiederholtes XML Parsen zu vermeiden.

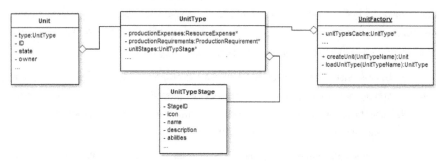

Abbildung 36: Vereinfachtes UML-Diagramm der Klassen Unit, UnitFactory, UnitType und UnitTypeStage

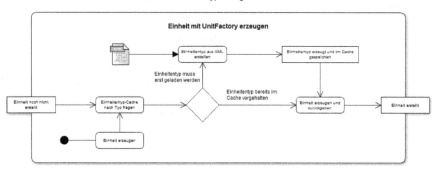

Abbildung 37: Aktivitätsdiagramm für das Erzeugen neuer Einheiten

Ein wichtiger Bestandteil jeder Einheit sind ihre Fähigkeiten. Das Erzeugen von Fähigkeitstypen geschieht im Laufe der Erzeugung des `UnitTypes`. Es wird über eine `AbilityFactory` geschehen, wobei der Ablauf der Konstruktion dem der Einheiten sehr ähnlich ist. An einem Punkt im Erzeugungsprozess des `UnitTypes` wird die `AbilityFactory` aufgefordert einen XML-Tag in der `UnitType` XML-Datei zu parsen, aus dem diese wiederum einen Fähigkeitstyp ermittelt, eine Instanz des Typs erzeugt und ihn mit weiteren Daten aus dem XML-Tag konfiguriert.

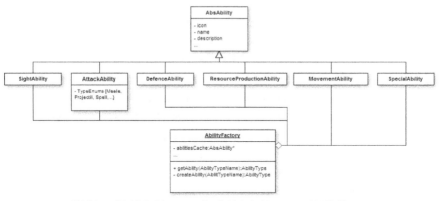

Abbildung 38: UML-Diagramm der Fähigkeitsklassen und AbilityFactory

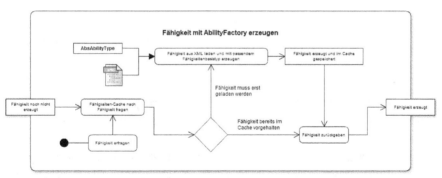

Abbildung 39: Aktivitätsdiagramm für die Erzeugung von Fähigkeiten

3.3.4 Das Karten-Modell

Beim Kartenmodell habe ich mich an mein Konzept aus dem zweiten Kapitel gehalten. **AbsMap** beinhaltet eine Referenz auf ein *TMXTiledMap*, welche beim Erstellen einer Instanz übergeben wird. Beim Erstellen werden außerdem Verweise auf die im Konzept beschriebenen fünf Ebenen *Underground*, *Decorations*, *Doodads*, *GameObjects* und *Areas* erzeugt, um innerhalb der Klasse einfacher auf diese zugreifen zu können. Möchte man weitere Ebenen einführen, so muss man eine Hook-Methode namens createAdditionalShortcuts() implementieren. Außerdem kümmert sich **AbsMap** nicht nur um das Vorhalten von Karteninformationen, sondern auch um Berechnungen, die mit einer Karte zusammenhängen. Eine wichtige Berechnung ist dabei die Wegfindung. Um diese durchführen zu können, implementiert **AbsMap** das Interface *ITiledMap*. Die darin enthaltenen Methoden sind nötig, um Gewichte und Pfadlängen von MapTile zu MapTile zu bestimmen. Des weiteren existiert eine Sammlung von Attributnamen und erwarteten Werten für das Parsen der XML-Datei, die samt Erklärungen in einem Interface namens **TBSmapConstants** aufgelistet sind.

Um eine Instanz der Implementierung der Klasse **AbsMap** zu erstellen, muss der Entwickler die Lademethode einer Instanz der Implementierung der Klasse **AbsMapLoader** aufrufen. Ein MapLoader erwartet zum Laden der Map eine Instanz der Implementierung der Klasse **AbsMapOverview**, weshalb man sowohl diese als auch die Klasse **AbsMapOverviewLoader** implementieren muss.

3.3.5 Das Match-Modell

Matches werden wie im Konzept unter *2.2.1.4 Muster für Spielsessions* vorgeschlagen durch eine Klasse namens **AbsMatch** repräsentiert, die sich wiederum aus **Rounds**, **Turns**, und **Step**s aufbaut. Für die Verwaltung der Matches werden allerdings noch mehr Klassen benötigt.

Da wäre zum einen die Klasse **AbsMatchPreparation,** die eine Spielvorbereitung auf der Serverseite repräsentiert. Eine Instanz einer Implementierung dieser Klasse wird von einem GameServer erstellt, wenn ein Spieler ein neues Match eröffnet. In **AbsMatchPreparation** werden in der Phase der Spielvorbereitung die nötigen Metainformationen (wie die Map, die Spieler und deren Konfiguration, sowie die Match-Einstellungen) gesammelt, um den Start des eigentliches Matchs vorzubereiten. Um die Daten zur Spielvorbereitung zwischen den Clients und dem Server auszutauschen, bedarf es außerdem einiger spezialisierter *Client-* und *ServerMessage* Klassen. Zu den wichtigsten Klassen zählen **AbsClientSlotChangeRequestMessage**, **ServerPrepareMatchRequestReplyMessage** **ServerMatchpreparationPromotionMessage**, **ClientToggleReadyToPlayMessage,** **ClientPrepareMatchRequestMessage** und **AbsServerMatchpreparationSlotChangedAnnouncementMessage.**

Die Klassennamen sind recht lang geraten. Der Grund ist, dass sie sich allein schon durch ihre Namen erklären und sich voneinander so gut wie möglich unterscheiden sollten. Insgesamt besitzt das Framework um die 50 spezialisierten *Client*- und *ServerMessage* Klassen.

Ist die Spielvorbereitung abgeschlossen, wird auf dem GameServer aus der **AbsMatchPreparation** Instanz eine Instanz einer Implementierung der Klasse **AbsServerMatch** erzeugt. **AbsServerMatch** ist eine Ableitung von **AbsMatch** und erweitert diese um Match-Verwaltungsfunktionalität für die Serverseite der Applikation. Sobald die Clients über den Spielstart informiert wurden, wird bei ihnen eine Instanz einer Implementierung der Klasse **AbsClientMatch** erzeugt. Sie stellt das Äquivalent zur **AbsServerMatch** Klasse dar und erweitert **AbsMatch** um Funktionalität für die Interpretation von *ServerMessage*s und die Kommunikation mit der Spieldarstellung.

Die Verwendung von **AbsGlobal**- und **PlayerGameState**s wurde so umgesetzt, wie im Konzept beschrieben und teilt die Kommunikation und Datenhaltung (**AbsMatch**) sowie die Implementierung allgemeiner Spiellogik (**AbsGlobal**- und **PlayerGameState**) auf.

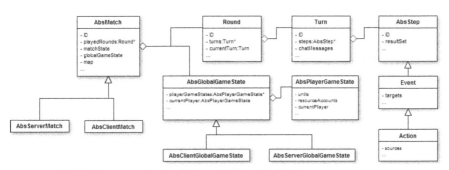

Abbildung 40: UML-Diagramm über den Aufbau der Klasse AbsMatch

3.4 Übersicht über die Pakete

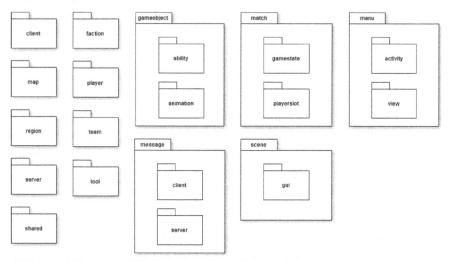

Abbildung 41: Die gesamte TBS-Engine besteht aus 14 Hauptpaketen, die insgesamt wiederum noch einmal 14 Subpakete besitzen.

client

Das Paket *client* beinhaltet Klassen, die eindeutig InGame Aufgaben auf der Client-Seite zuzuordnen sind und nicht ausschließlich dazu dienen Menüs zu repräsentieren.

faction

Dieses Paket beinhaltet Klassen, die Fraktionen oder Bestandteile zum Beschreiben dieser repräsentieren.

gameobject

Dieses Paket beinhaltet Klassen, die Spielobjekte innerhalb eines Spiels repräsentieren, sowie Factory-Klassen die das Laden und Erstellen von Spielobjekten erlauben. Des weiteren beinhaltet dieses Paket zwei Subpakete, in denen Klassen beschrieben sind, die die Fähigkeiten und Animationen von Spielobjekten repräsentieren.

map

Dieses Paket beinhaltet Klassen, die Karten oder Kartenübersichten repräsentieren, sowie Factory-Klassen die das Laden dieser Objekte erlauben.

match

Dieses Paket beinhaltet Klassen, die Schritte, Züge, Runden und letztendlich ganze Spiele repräsentieren. Es besitzt ein Subpaket, in dem sich Klassen befinden die Gamestates sowohl auf der Server- als auch auf der Clientseite repräsentieren. Weiterhin besitzt es ein Subpaket für Klassen mit denen sich bei der Spielvorbereitung (*match preparation*) sowohl auf der Client- als auch auf der Serverseite Spielerslots repräsentieren lassen.

menu

Das *menu* Paket beinhaltet selbst keine Klassen, sondern besitzt zwei Subpakete in denen zum einen abstrakte Activities für wichtige Menükomponenten als auch Interfaces für Android-Views enthalten sind.

message

Das *message* Paket ist von der Anzahl der Klassen betrachtet das umfangreichste Paket im gesamten Framework. Es ist auf der ersten Unterebene auf die Bereiche Server und Client aufgeteilt. Die Subpakete *client* und *server* beinhalten Nachrichtenklassen wie zum Beispiel Chat-Messages, die keinem speziellen Teilbereich zugeordnet werden können und abstrakte Vorstufen für in weiteren Unterpaketen beschriebene Nachrichtenklassen. Die Pakete *client* und *server* sind wiederum in weitere Unterpakte wie *preparematch* und *ingame* unterteilt, in denen sich Nachrichtenklassen befinden, die nur in diesem Kontext verwendet werden. Es ist sehr wahrscheinlich, dass in der weiteren Entwicklung dieses Frameworks noch weitere Pakete hinzukommen.

player

Dieses Paket beinhaltet Klassen, mit denen sich sowohl menschliche als auch KI-Spieler implementieren lassen.

region

Dieses Paket beinhaltet Klassen, mit denen sich innerhalb eines Spiels auf einem Spielfeld Regionen sowohl repräsentieren als auch verwalten lassen.

resource

Dieses Paket beinhaltet Klassen, mit denen sich Ressourcentypen, Ressourcenkonten, aber auch Produzenten und Konsumenten von Ressourcen umsetzen lasse. Das Paket beinhaltet weiterhin ein Subpaket für passende Ausnahmen.

scene

Dieses Paket beinhaltet Klassen, die es ermöglichen InGame Szenen zu repräsentieren und zu verwalten. Es besitzt außerdem ein Subpaket, in dem sich Klassen befinden, um InGame GUI Elemente darzustellen.

server

Dieses Paket beinhaltet Klassen, mit denen sich Serverkomponenten wie Game-Server oder ein Game-Server-Services repräsentieren lassen.

shared

In diesem Paket befinden sich Klassen und Interfaces, die bis jetzt keinem anderen Paket eindeutig zugeordnet werden konnten oder von vielen unterschiedlichen Klassen in unterschiedlichen Paketen gleichermaßen benutzt werden.

team

In diesem Paket befinden sich Klassen, die Teams oder politische Relationen zwischen Teams abbilden können.

tool

In diesem Paket befinden sich Klassen, die Funktionalitäten bieten, die nicht direkt etwas mit der Spieleengine zutun haben. Zum Beispiel befindet sich in diesem Paket eine Klasse, mit der sich Applikationsupdates leichter verwalten lassen.

3.5 Beispielimplementierung zweier Activity Stubs

Um die folgenden Beschreibungen besser nachvollziehen zu können, empfehle ich die Klassen **AbsChooseMapActivity** und **AbsPrepareMatchActivity** (im Framework zu finden im Paket ...tbsengine.menu.activity) und deren Beispielimplementierungen **SRchooseMapActivity** und **SRprepareMatchActivity** (in der Implementierung zu finden im Paket ...stickmenresurrecction.model.menu.activities) in einem Editor mit Java-Code-Highlighting zu öffnen.

3.5.1 Implementierung der Kartenwahl

Wie schon im Kapitel 2.2.2.1 Menü für die Kartenwahl vorgeschlagen, habe ich eine Klasse namens **AbsChooseMapActivity** implementiert und damit die Wahl der Karte und die restliche Spielvorbereitung voneinander getrennt. **AbsChooseMapActivity** erbt von einer von mir implementierten Hilfsklasse namens **AbsFullscreenActivity,** die einem die immer wiederkehrende Arbeit abnimmt eine neue Activity so zu konfigurieren, dass der Titel der Anwendung als auch die allgemeine Statusanzeige ausgeblendet werden. Ich habe auch alle weiteren von mir implementierten Activities von dieser Klasse erben lassen, werde es aber nicht wiederholt erwähnen. **AbsChooseMapActivity** erwartet, dass man dem Intent[47] den man zum Starten der Activity benutzt, in einem Intent-Extra[48] (Intent#putExtra(..)) den Namen der zuvor gewählten **MatchJoinOrPreparationType** Enumeration (Enum) übergibt. Ein entsprechendes Flag findet man im Interface **TBSengineConstants**. Wird der Typ nicht übergeben, wirft die Activity beim Start eine **NoMatchPreparationTypeProvidedException**.

Nachdem der **MatchJoinOrPreparationType** ermittelt wurde, wird die Methode

---

47 Ein Intent ist ein Datenbündel, das man zum Starten neuer Activities versendet. Weitere Informationen unter http://developer.android.com/guide/topics/intents/intents-filters.html

48 Ein Intent-Extra ist ein durch einen primitiven Datentyp repräsentiertes Datum, das man über Activity-Grenzen hinweg transportieren kann.

`createChooseMapView()` aufgerufen. Diese Methode ist abstrakt und muss so implementiert werden, dass sie eine View zurückgibt, die das Interface `IChooseMapView` implementiert. Danach startet die Activity einen AsyncTask[49] der zu allererst die View darüber informiert, dass das Laden der Kartenübersichten nun beginnt (`IChooseMapview#onStartLoadingMapOverviewList()`). Es bleibt dem Entwickler überlassen, ob und wie er den Spieler darüber informiert. Danach wird die Methode `loadMapOverviewsList(...)` aufgerufen, die in einem vom AsyncTaks verwalteten Thread ausgeführt wird. Die Methode ist ebenfalls abstrakt und muss so implementiert werden, dass sie eine Liste von Instanzen einer Implementierung der Klasse **AbsMapOverview** zurückgibt. Als Parameter liefert sie den **MatchJoinOrPreparationType** mit. Mithilfe des PreparationType könnte man zum Beispiel reine Einzelspielerkarten ausschließen, wenn ein Mehrspielerspiel vorbereitet werden soll. Spätestens hier sollte der Entwickler sich Gedanken über die Art und Weise der Darstellung der Kartenübersichten machen und die Klassen **AbsMapOverview** sowie **AbsMapOverviewLoader** implementieren.

Wurden alle Kartenübersichten erfolgreich geladen, werden sie an die View übergeben (`IChooseMapview#fillMapOverviewsList(...)`). Die Darstellung der Kartenauswahl bleibt dem Entwickler überlassen. Wurde eine Kartenübersicht gewählt, so sollte die Membervariable `mChoosenMapOverview` eine Referenz auf diese erhalten. Dazu sollte der Entwickler die Methode `setChosenMap(...)` verwenden, die gleichzeitig auch die View über die Wahl informiert. Zu guter Letzt kann auf die Methode `startMatchPreparation()` zurückgegriffen werden, um die Spielvorbereitung zu starten. Diese Methode prüft zuerst, ob die Membervariable `mChoosenMapOverview` eine Referenz auf eine Kartenübersicht enthält, und ruft dann `getPrepareMatchActivityClass()` auf. Auch diese Methode ist abstrakt und soll die Activity-Klasse zurückgeben, die als nächstes gestartet wird. Danach werden noch Map-ID und der **MatchJoinOrPreparationType** als Intent-Extras gesetzt und die Activity gestartet.

---

49 Ein AsyncTask managed den unter Android kritischen Übergang zwischen einem selbst programmierten Thread und dem UI-Thread.

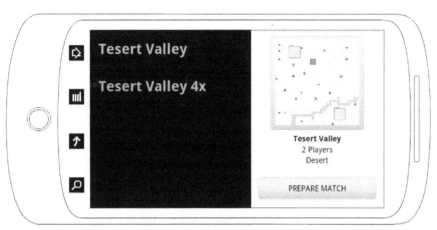

Tesert Valley

Tesert Valley 4x

Tesert Valley
2 Players
Desert

PREPARE MATCH

Abbildung 42: Screenshot des Kartenwahlmenüs der Beispielimplementierung "Stickmen Resurrection".

3.5.2 Implementierung der Spielvorbereitung

AbsPrepareMatchActivity ist die Ausgangsklasse für die Implementierung der Spielvorbereitung. Auch sie erwartet, dass man zum Start der Activity einen Intent benutzt der als Extra den Namen eines **MatchJoinOrPreparationType**-Enums enthält. Er ist essentiell für alle folgenden Arbeitsschritte. Wird keiner übergeben, wird auch hier eine Exception geworfen und der Start der Activity abgebrochen. Wurde ein passender Enum-Name übergeben, so wird als nächstes anhand des Enums entschieden, ob ein lokaler GameServer gestartet werden soll. Dies soll bei allen Enums, die *PREPARE* im Namen tragen, geschehen. Ist das der Fall, so wird die Methode startGameServerService() aufgerufen, die versucht einen GameServerService zu starten. Dafür muss der Entwickler die abstrakte Methode getGameServerServiceClass() implementieren, die eine Klasse die **AbsGameServerService** implementiert zurückgeben muss. Aus ihr wird ein Intent konstruiert. Der Intent bekommt als Extra den Namen des **MatchJoinOrPreparationType** mit auf den Weg, da auch AbsGameServerService diesen erwartet. Daraufhin wird der Service gestartet. Als Nächstes wird ein *MessagePool* initialisiert, über den sich später neue *ClientMessage*s erzeugen und wieder recyceln lassen. Bei der Initialisierung des Pools wird auch die Methode registerAdditionalClientMessages() aufgerufen. Die Methode ist abstrakt und ist eine Möglichkeit für den Entwickler eigene *ClientMessage*s zu registrieren. Nun werden die *IServerMessageHandler* initialisiert. Sie sind Controller, mit denen sich eingehende *ServerMessage*s bearbeiten oder weiterleiten lassen. Auch hier erhält der Entwickler über die Implementierung der abstrakten Methoden `registerAdditionalFlagsServerMessageHandlers(...)` und `registerAdditionalFlagsServerMessageClasses(...)` die Möglichkeit eigene *ServerMessage* Klassen und *ServerMessageHandler* zu registrieren. Danach wird die View erstellt, wofür die Methode `createPrepareMatchView(...)` aufgerufen wird. Der Entwickler muss sicherstellen, dass diese Methode eine Instanz einer Klasse zurückliefert, von einer View erbt und das Interface **IPrepareMatchView** implementiert. Dieses Interface beinhaltet ein Bündel an Methoden über die die Activity eine View über Änderungen informieren kann. Ist auch das erfolgt, so wird im nächsten Schritt ein **ClientConnectionGateway** erzeugt. Diese Klasse ist zwar an sich vollständig implementiert, doch muss der Entwickler selbst entscheiden, welchen Konstruktor und damit welche Art von **ClientConnectionGateway** er erzeugen möchte. Außerdem werden Zusatzinformationen wie zum Beispiel Internet Protocol (IP) Adresse und Port des GameServers benötigt, für die nicht festgelegt wurde wie sie transportiert werden sollen. Als Parameter liefert die Methode den **MatchJoinOrPreparationType** sowie die FlagsServerMessageHandlers Map, die FlagsServerMessageClasses Map und den Intent mit, mit dem die Activity gestartet wurde. Eine mögliche Implementierung dieser Methode findet sich in der Beispielimplementierung *Stickmen Resurrection* in der Klasse **SRprepareMatchActivity**. Mit dem soeben erstellten **ClientConnectionGateway** wird sofort versucht eine Verbindung mit dem GameServer aufzubauen. Außerdem wird die View darüber informiert, dass der Verbindungsaufbau begonnen hat. Der Verbindungsaufbau geschieht asynchron im Hintergrund. Beim Erstellen des **ClientConnectionGateway** wurde bereits eine Instanz einer Klasse übergeben, die das Interface **IOnGameClientConnectionStatusListener** implementiert.

AbsPrepareMatchActivity implementiert dieses Interface, weshalb man die Activity selbst beim Erstellen des **ClientConnectionGateway** übergeben kann. Bei einem erfolgreichen Verbindungsaufbau wird `onGameServerConnected()` aufgerufen. In dieser Methode wird zum einen die View über den erfolgreichen Verbindungsaufbau informiert (`IPrepareMatchView#onGameServerConnected()`) und zum anderen eine **ClientJoinOrLeaveServerRequestMessage** an den Server verschickt um den lokalen Spieler beim Server anzumelden. Ist die Anmeldung erfolgreich, so kann mit einer **ClientPrepareMatchRequestMessage** ein Spiel auf dem Server erstellt oder mit einer

`ClientMatchListRequestMessage` die Liste aller in Vorbereitung befindlichen Spielsessions abgerufen werden. Die Implementierung aller weiteren Kommunikation zwischen Client und Server ist dem Entwickler vorbehalten, wobei er auf einen großen Pool an vorgefertigten oder abstrakt formulieren *Client*- und *ServerMessage*s und `on...()` Hook Methoden zurückgreifen kann.

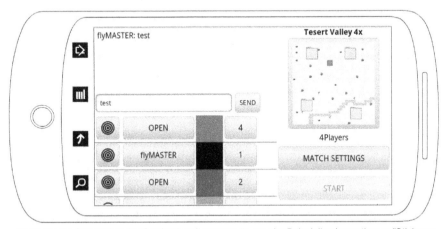

Abbildung 43: Screenshot des Spielvorbereitungsmenüs aus der Beispielimplementierung "Stickmen Resurrection".

3.6 Stickmen Resurrection – Eine Beispielimplementierung

Stickmen Resurrection beschreibt eine postapokalyptische Welt in der Strichmännchen nach einem alles verwüstenden Krieg auf den letzten einigermaßen bewohnbaren Kontinent ihres Planeten flüchten und dort untereinander um die letzten Ressourcen kämpfen. Das Ganze wird mit unterschwelliger Gegenwartskritik und gemeinen Witzen und Animationen garniert und zielt nicht darauf ab eine Freigabe für Spieler unter 16 Jahren zu erhalten.

Das Spielkonzept ist dem von Battle for Wesnoth sehr ähnlich. Die Spieler starten mit einem Dorf, ein paar Kriegern und wenigen Ressourcen und versuchen dann Runde für Runde Ressourcenquellen und Dörfer in ihrer Nähe einzunehmen und die *Großen Leuchten*[50] der anderer Dörfer (aus) zu löschen.

---

50 Leuchten sind Hauptgebäude eines Dorfes das es zu erobern/zerstören gilt: Konzept (MiniSpiel) - Stickmen Resurrection – p. 2 (zu finden auf der CD)

3.6.1 Erweiterungen gegenüber der Standardimplementierung

Die größte Erweiterung bis zum Abschluss dieser Arbeit stellt die Einführung eines neuen PlayerSlot Attributs dar. Es diente mir als Beispiel um die Erweiterbarkeit des Frameworks zu demonstrieren.

Das Attribut repräsentiert eine Spielerfarbe und wurde als **SRplayerColor** implementiert und sowohl in der Klasse **SRclientPlayerSlot** als auch **SRserverPlayerSlot** als Membervaribale ergänzt. Hinzugekommen ist weiterhin eine **SRclientSlotChangePlayerColorRequestMessage** Klasse sowie eine zusätzliche Implementierung der Klasse **AbsPrepareMatchChoiceDialog** namens **ChangeColorDialog**.

3.6.2 Tests

Die im Folgenden aufgelisteten Testbeispiele sind Unit-Tests, die mit einer für Android angepassten Version von JUnit formuliert wurden. Sie sollen zeigen, wie man sowohl Komponenten- als auch Integrationstests durchführen kann. Weitere Tests finden sich im Unit-Test-Projekt *Stickmen Resurrection Unit Tests* auf der beiliegenden CD.

Die ersten Tests stammen aus der Klasse ResourceTest und testen die korrekte Implementierung der Klassen **ResourceAccount** und **ResourceProducerAbility**.

```
/**
 * Dieser Test soll prüfen ob Transaktionen unter Einbeziehung von Limits
 * korrekt durchgeführt oder wenn nötig abgebrochen werden.
 */
public void testResourceAccountTransactions(){

        final ResourceAccount resourceAccount = this.createResourceAccountMockUp();

        // Prüfen, ob sich 50 Einheiten abziehen lassen.
        try {
                resourceAccount.transact(-50);
        } catch (ResourceAccountLimitExceededException e) {

                fail("Summe von 0 und Kreditlinie von 100 erwartet!");
        }

        // Noch 0 Einheiten vorhanden?
        assertEquals(0, resourceAccount.getResourceAmount());
```

```java
// Konto mit maximal 100 Einheiten belastbar?
assertEquals(100, resourceAccount.getCreditLine());

// Prüfen ob sich 100 Einheiten abziehen lassen
try {
        resourceAccount.transact(-100);
} catch (ResourceAccountLimitExceededException e) {
        fail("Summe von -100 und Kreditlinie von 0 erwartet!");
}

// Kontostand auf -100 Einheiten gesunken?
assertEquals(-100, resourceAccount.getResourceAmount());

// Kreditlinie ausgeschöpft?
assertEquals(0, resourceAccount.getCreditLine());


// Prüfen ob sich nicht vielleicht noch mehr Einheiten abbuchen lassen
try {
        resourceAccount.transact(-1);

        fail("ResourceAccountLimitExceededException erwartet!");

} catch (ResourceAccountLimitExceededException e) {}

// Kontostand immer noch auf -100 Einheiten?
assertEquals(-100, resourceAccount.getResourceAmount());

// Kreditlinie ausgeschöpft?
assertEquals(0, resourceAccount.getCreditLine());


// 200 Einheiten auf das Konto buchen
try {
        resourceAccount.transact(200);

} catch (ResourceAccountLimitExceededException e) {

        fail("Summe von 100 und Kreditlinie von 200 erwartet!");
}
// 100 Einheiten auf dem Konto?
assertEquals(100, resourceAccount.getResourceAmount());

// 200 Einheiten über Kreditlinie verfügbar?
assertEquals(200, resourceAccount.getCreditLine());


// Versuchen nochmal eine Einheit auf das Konto zu buchen
try {
        resourceAccount.transact(1);
```

```java
                    fail("ResourceAccountLimitExceededException erwarted!");

        } catch (ResourceAccountLimitExceededException e) {
                // TODO Auto-generated catch block
                e.printStackTrace();
        }

        // 100 Einheiten auf dem Konto?
        assertEquals(100, resourceAccount.getResourceAmount());

        // 200 Einheiten über Kreditlinie verfügbar?
        assertEquals(200, resourceAccount.getCreditLine());
}


/**
 * Dieser Test soll prüfen ob {@link ResourceAccount}s die bei ihnen
 * registrierten {@link IResourceAmountChangedListener} korrekt informieren.
 */
public void testResourceAmountChangedListener(){

        final ResourceAccount account = this.createResourceAccountMockUp();

        final AtomicBoolean calledListener = new AtomicBoolean(false);

        // Listener erzeugen und registrieren
        final IResourceAmountChangedListener amountChangedListener = new
                                                IResourceAmountChangedListener() {

                @Override
                public void onAmountChanged(int pNewAmount, int pAmountChange) {

                        calledListener.set(true);

                        assertEquals(51, pNewAmount);
                        assertEquals(1, pAmountChange);
                }
        };

        account.registerResourceAmountChangedListener(amountChangedListener);

        // Transaktion tätigen und prüfen ob auch der Listener informiert wurde.
        try {
                account.transact(1);
        } catch (ResourceAccountLimitExceededException e) {

                fail("Summe von 51 und Summenveränderungen von 1 erwartet");
        }
        assertTrue(calledListener.get());
}
```

```java
/**
 * Diese Methode soll testen, ob die Weitergabe von produzierten Ressourcen,
 * die von einer {@link Unit} mit {@link ResourceProducerAbility} stammen
 * korrekt funktioniert.
 */
public void testResourceProducer(){

        final AbsBaseResourceType resourceType = this.createResourceTypeMockUp();
        final ResourceAccount resourceAccount = this.createResourceAccountMockUp();

        /*
         * Fähigkeit implementieren. Sie soll 10 Einheiten pro
         * Produktionszyklus erzeugen und verteilen.
         */
        final ResourceProducerAbility instantProducer = new
                    ResourceProducerAbility(resourceType,10,"Instant Resource","test",1) {

                @Override
                public boolean checkProductionDone() {
                        // TODO Auto-generated method stub
                        return true;
                }
        };
        assertNotNull(instantProducer);

        // ResourceAccount beim Erzeuger registrieren;
        instantProducer.setResourceAccount(resourceAccount);

        // Initialmenge des Accounts prüfen;
        assertEquals(50, resourceAccount.getResourceAmount());

        /*
         * Den Produzenten über seine onTick Methode auffordern zu prüfen, ob
         * bereits genug Zeit verstrichen ist um neue Ressourcen auszugeben;
         * (InstantProoducer erzeugt bei jedem Tick Ressourcen)
         */
        instantProducer.onTick();

        /*
         * Prüfen, ob die Einheiten das registrierte Ressourcenkonto erreicht
         * haben;
         */
        assertEquals(60, resourceAccount.getResourceAmount());

        // ResourceAccount beim Producer abmelden;
        instantProducer.removeResourceAccount();

        // Nochmals neue Ressourcen erzeugen;
        instantProducer.onTick();
```

61 - 71

```
        // Prüfen ob der Kontostand des abgemeldeten Kontos gleich geblieben ist;
        assertEquals(60, resourceAccount.getResourceAmount());
}
```

Die folgenden Tests stammen aus der Klasse `ChooseMapActivityTest` und zeigen Tests,
die Teile der internen Logik als auch den Wechsel von **SRchooseMapActivity** zu
SRprepareMatchActivity prüfen.

```
/**
 * Dieser Test  prüft, ob das Laden der Kartenübersichten korrekt funktioniert
 * und ist somit ein Test für die Klasse {@link SRMapOverviewLoader}.
 */
public void testMapOverviewLoading(){

        loadAndSetCorrectIntent();

        SRMapOverviewLoader mapOverviewLoader = null;
        try {
                mapOverviewLoader = new SRMapOverviewLoader(getActivity());
        } catch (IOException e) {
                // TODO Auto-generated catch block
                e.printStackTrace();
        }

        // Wurde der MapOverviewLoader korrekt erzeugt?
        assertNotNull(mapOverviewLoader);


        Vector<SRmapOverview> mapOverviews = null;
        try {
                mapOverviews = mapOverviewLoader.loadMapOverviews();
        } catch (IOException e) {
                // TODO Auto-generated catch block
                e.printStackTrace();
        } catch (SAXException e) {
                // TODO Auto-generated catch block
                e.printStackTrace();
        } catch (ParserConfigurationException e) {
                // TODO Auto-generated catch block
                e.printStackTrace();
        }

        // Wurden Kartenübersichten geladen?
        assertNotNull(mapOverviews);
        MoreAsserts.assertNotEmpty(mapOverviews);
}
```

```java
/**
 * Dieser Test soll prüfen, ob der Start der Spielvorbereitung korrekt funktioniert.
 * Dafür wird eine Testarten-Übersicht erzeugt und als gewählte Karte
 * festgelegt und danach die Activity für Spielvorbereitung gestartet. Wenn keine Exception
 * geworfen wird, ist der Test erfolgreich verlaufen.
 */
public void testMatchPreparationStart(){

        loadAndSetCorrectIntent();

        final SRmapOverview testMapOverview = new SRmapOverview("");

        final SRchooseMapActivity activityInstance = getActivity();

        try {
                runTestOnUiThread(new Runnable() {

                        @Override
                        public void run() {
                                activityInstance.setChosenMap(testMapOverview);
                        }
                });
        } catch (Throwable e) {
                // TODO Auto-generated catch block
                e.printStackTrace();
        }

        activityInstance.startMatchPreparation();
}
```

4. Fazit

4.1 Das Ergebnis

Das Ergebnis dieser Arbeit ist eine LGPL lizenzierte Alpha-Version der TBS-Engine, die ab sofort jedem interessierten Entwickler auf Google Code unter der URL https://code.google.com/p/tbsengine/ zur Verfügung steht. Neben der eigentlichen Engine befindet sich auf der Projektseite auch das Spiel *Stickmen Resurrection das* (abgesehen von einigen Grafiken und Inhalten) ebenfalls frei kopiert, abgewandelt und den eigenen Bedürfnissen entsprechend angepasst werden kann. Es wird mir auch in Zukunft dazu dienen, neu implementierte Features auf ihre Umsetzbarkeit zu testen und Beispielimplementierungen bereitzustellen.

Ein weiteres Ergebnis dieser Arbeit ist das gesamte Kapitel *2. Analyse* und insbesondere die Ergebnisse im Unterkapitel *2.2 Komponentenanalyse und Konzepte*. Sie haben gezeigt, dass es sehr wohl möglich ist, Spiele, die sich inhaltlich stark unterscheiden aber auf ähnlichen spielmechanischen Grundprinzipien beruhen, komponentenweise zu vergleichen und Gemeinsamkeiten zu finden, welche wiederum in Konzepte und Codes umgewandelt werden können.

4.2 Aussicht

Beim Implementieren der **Client-** und **ServerMessage** Klassen stellte sich heraus, dass sowohl die Basisschicht der AndEngine als auch die TBS-Engine-Implementierung noch keine Verschlüsselung der Nachrichten vorsieht. Um für die spätere Entwicklung einen Ausgangspunkt zu haben, habe ich eine **SecureMessage** Stub Klasse in die Vererbungshierarchie eingeführt. Eine spätere Implementierung könnte das Pretty Goog Privacy (PGP) -Verfahren implementieren.

Weiterhin wäre es wünschenswert einen von Android-APIs unabhängige **AbsGameServer** Klasse zu besitzen, um dezidierte GameServer auf Maschinen mit reiner J2SE oder J2EE Unterstützung entwickeln zu können.

Außerdem wäre es sinnvoll Werkzeuge (zum Beispiel auf Basis von Eclipse[51] Erweiterungen) wie einen auf die TBS-Engine angepassten Map- und Einheiteneditor zu entwickeln.

---

51 eine Entwicklungsumgebung und gleichzeitig eine Basis für weitere Plattformen
http://www.eclipse.org

Literaturverzeichnis

Sports and Games: Andrew Leibs, Sports and Games of the Renaissance, 2004

comScore 2010: Cathy McCarthy, The comScore 2010 Europe Digital Year in Review, 2011

Canalys Smart Phone Analysis: Canalys, Canalys research release 2011/013, 2011

Patterns in Game Design: Staffan Björk, Jussi Holopainen, Patterns in Game Design, 2005

Design Patterns: Erich Gamma, Richard Helm, Ralph Johnson, John Vlissides, Design Patterns Elements of Reusable Object-Oriented Software, 1994

Distimo 2011: , Distimo In-depth view on download volumes in the Google Android Market, 2011

Anhang

Stickmen Resurrection Programmablaufplan

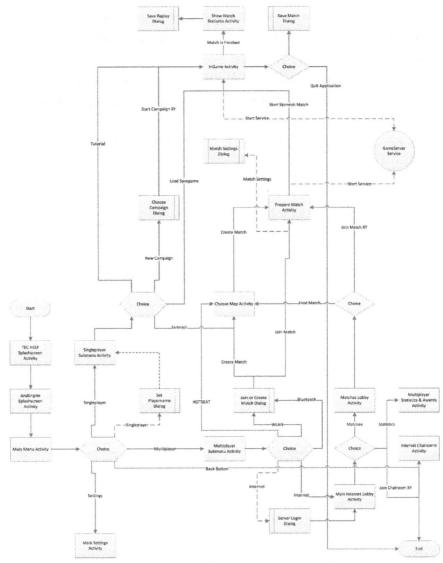

Abbildung 44: Stickmen Resurrection Programmablaufplan

Unit XML Beispiel der Einheit ClubHaymaker

```xml
<?xml version="1.0" encoding="UTF-8" standalone="no"?>
<UnitType name="ClubHaymaker" description="" id="0" animationource="clubhaymakeranimation.png"
iconsource="clubhaymakeranimation.png">
        <Production>
                <SpecialRequirements>
                        <BuildingRequirement type="LittleShiner" minamount="1" maxamount="">
                </SpecialRequirements>
                <ProductionExpenses>
                        <ProductionExpense type="Livingspace" amount="1" />
                        <ProductionExpense type="Productiontime" amount="1" />
                        <ProductionExpense type="Freshcolor" amount="7" />
                </ProductionExpenses>
        </Production>

        <Stages>
                <Stage icontileid="1" name="Litte ClubHaymaker" description="" id="1" requiredxp="0">
                        <BasicAnimations>
                                <CreateAnimationSet>
                                        <NorthAnimation frames="1" speed="150" />
                                        <EastAnimation frames="4" speed="150" />
                                        <SouthAnimation frames="7" speed="150" />
                                        <WestAnimation frames="10" speed="150" />
                                </CreateAnimationSet>

                                <IdleAnimationSet>
                                        <NorthAnimation frames="1" speed="150" />
                                        <EastAnimation frames="4" speed="150" />
                                        <SouthAnimation frames="7" speed="150" />
                                        <WestAnimation frames="10" speed="150" />
                                </IdleAnimationSet>

                                <DieAnimationSet>
                                        <NorthAnimation frames="1" speed="150" />
                                        <EastAnimation frames="4" speed="150" />
                                        <SouthAnimation frames="7" speed="150" />
                                        <WestAnimation frames="10" speed="150" />
                                </DieAnimationSet>

                                <TakeHitAnimationSet>
                                        <NorthAnimation frames="0-2" speed="150" />
                                        <EastAnimation frames="3-5" speed="150" />
                                        <SouthAnimation frames="6-8" speed="150" />
                                        <WestAnimation frames="9-11" speed="150" />
                                </TakeHitAnimationSet>
                        </BasicAnimations>

                        <ResourceAccounts>
                                <ResourceAccount resourcetype="lifeenergy" min="0" max="30" initial="30"
/>

                                <ResourceAccount resourcetype="xp" min="0" max="20" initial="0" />
                                <ResourceAccount resourcetype="groundsteps" min="0" max="7" initial="7" />
                        </ResourceAccounts>

                        <Abilities>
```

```xml
                                    <AttackAbility icontileid="1" name="Simple Club" type="meele"
decription="" min="7" max="10" range="1" hits="1">
                                        <AnimationSet>
                                            <NorthAnimation frames="0-2" speed="150" />
                                            <EastAnimation frames="3-5" speed="150" />
                                            <SouthAnimation frames="6-8" speed="150" />
                                            <WestAnimation frames="9-11" speed="150" />
                                        </AnimationSet>
                                    </AttackAbility>

                                    <SightAbility icontileid="2" name="" description="" sighttype="uniform"
range="5" />

                                    <MovementAbility icontileid="4" name="Groundwalk" description=""
type="ground" resourcetype="groundsteps" costperstep="1">
                                        <AnimationSet>
                                            <NorthAnimation frames="0-2" speed="150" />
                                            <EastAnimation frames="3-5" speed="150" />
                                            <SouthAnimation frames="6-8" speed="150" />
                                            <WestAnimation frames="9-11" speed="150" />
                                        </AnimationSet>
                                    </MovementAbility>

                                    <SpecialAbility  icontileid="6" type="levelup" name="" description=""
resourcetype="xp" target="20" />
                                </Abilities>
                            </Stage>

                        <Stage icontileid="6" name="Big ClubHaymaker" description="" id="2" requiredxp="20">
                            <BasicAnimations>
                                <CreateAnimationSet>
                                    <NorthAnimation frames="1" speed="150" />
                                    <EastAnimation frames="4" speed="150" />
                                    <SouthAnimation frames="7" speed="150" />
                                    <WestAnimation frames="10" speed="150" />
                                </CreateAnimationSet>

                                <IdleAnimationSet>
                                    <NorthAnimation frames="1" speed="150" />
                                    <EastAnimation frames="4" speed="150" />
                                    <SouthAnimation frames="7" speed="150" />
                                    <WestAnimation frames="10" speed="150" />
                                </IdleAnimationSet>

                                <DieAnimationSet>
                                    <NorthAnimation frames="1" speed="150" />
                                    <EastAnimation frames="4" speed="150" />
                                    <SouthAnimation frames="7" speed="150" />
                                    <WestAnimation frames="10" speed="150" />
                                </DieAnimationSet>

                                <TakeHitAnimationSet>
                                    <NorthAnimation frames="0-2" speed="150" />
                                    <EastAnimation frames="3-5" speed="150" />
                                    <SouthAnimation frames="6-8" speed="150" />
                                    <WestAnimation frames="9-11" speed="150" />
```

```xml
                    </TakeHitAnimationSet>
                </BasicAnimations>

                <ResourceAccounts>
                    <ResourceAccount resourcetype="lifeenergy" min="0" max="36" initial="36"
/>
                    <ResourceAccount resourcetype="groundsteps" min="0" max="8" initial="8" />
                </ResourceAccounts>

                <Abilities>
                    <AttackAbility icontileid="7" name="Major Club" type="Meele" decription=""
min="8" max="12" range="1" hits="1">
                        <AnimationSet>
                            <NorthAnimation frames="0-2" speed="150" />
                            <EastAnimation frames="3-5" speed="150" />
                            <SouthAnimation frames="6-8" speed="150" />
                            <WestAnimation frames="9-11" speed="150" />
                        </AnimationSet>
                    </AttackAbility>

                    <SightAbility icontileid="8" name="" description="" sighttype="uniform"
range="6" />

                    <MovementAbility icontileid="10" name="Groundwalk" description=""
type="ground" resourcetype="groundsteps" costperstep="1">
                        <AnimationSet>
                            <NorthAnimation frames="0-2" speed="150" />
                            <EastAnimation frames="3-5" speed="150" />
                            <SouthAnimation frames="6-8" speed="150" />
                            <WestAnimation frames="9-11" speed="150" />
                        </AnimationSet>
                    </MovementAbility>

                    <DefenceAbility icontileid="11" type="DefenceChance" againsttype="meele"
propability="20">
                        <AnimationSet>
                            <NorthAnimation frames="0-2" speed="150" />
                            <EastAnimation frames="3-5" speed="150" />
                            <SouthAnimation frames="6-8" speed="150" />
                            <WestAnimation frames="9-11" speed="150" />
                        </AnimationSet>
                    </DefenceAbility>

                    <DefenceAbility icontileid="11" type="DefenceChance"
againsttype="projectile" propability="20">
                        <AnimationSet>
                            <NorthAnimation frames="0-2" speed="150" />
                            <EastAnimation frames="3-5" speed="150" />
                            <SouthAnimation frames="6-8" speed="150" />
                            <WestAnimation frames="9-11" speed="150" />
                        </AnimationSet>
                    </DefenceAbility>
                </Abilities>
            </Stage>
        </Stages>
</UnitType>
```

69 - 71

Beispiel für eine TileSet-Grafik und eine daraus konstruierte TileMap

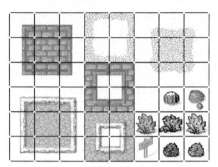

Abbildung 45: TileSet-Grafik Beispiel

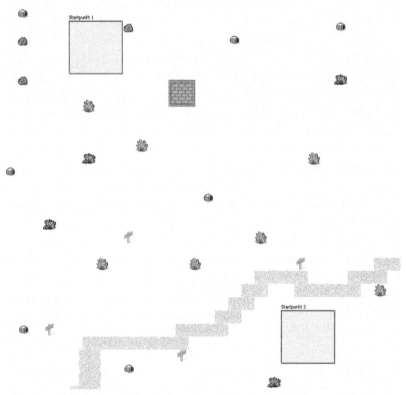

Abbildung 46: Karte TesertValley (Testmap Desert Valley) gebaut mit der o.g. TileSet-Grafik

70 - 71

www.ingramcontent.com/pod-product-compliance
Lightning Source LLC
La Vergne TN
LVHW092348060326
832902LV00008B/891